AF617249

Jon Martinez Larrea

3 de Marzo

Huelga, masacre, memoria

txalaparta

PRIMERA EDICIÓN DE TXALAPARTA
Febrero de 2026

EDITORIAL TXALAPARTA S.L.L.
Calle Mayor, 61-63
31001 Iruñea NAFARROA
Tfno. 948 703 934
info@txalaparta.eus
www.txalaparta.eus

ISBN
978-84-10246-90-4

DL NA 126-2026

DISEÑO DE CUBIERTA
Mikel Tristan

MAQUETACIÓN
Amagoia Arrastio Ágreda

IMPRESIÓN
Gráficas Iratxe
Polígono Agustinos, calle M, 5
31160 Orkoien – Navarra

txalaparta

Índice

Introducción

ESTE AÑO SE CONMEMORA el cincuenta aniversario de la masacre del 3 de marzo de 1976 en Gasteiz. Ese día la policía asesinó a los trabajadores Pedro Maria Martínez Ocio, Bienvenido Pereda, Romualdo Barroso, Francisco Aznar y José Castillo, y dejó cientos de heridos. Su delito fue poner en práctica a través de asambleas la ansiada libertad. Este aniversario redondo es un buen momento para mirar hacia atrás. En este libro, además de revisar la bibliografía publicada sobre el tema, hemos consultado la prensa de la época y nos hemos sumergido en distintos archivos de instituciones y organizaciones, a la vez que hemos realizado varias entrevistas.

Sin duda se va a explicar la masacre de aquel día. El Gobierno fue incapaz de controlar el conflicto de Gasteiz, y utilizó la represión más dura. Esto demuestra que para controlar el proceso de transición la violencia policial fue un elemento imprescindible, y que la masacre de Gasteiz no fue una excepción, sino que es el ejemplo más sangrante.

Es imprescindible, sin embargo, conocer la huelga que agitó la ciudad durante dos meses. Además de acabar con la imagen tradicional de la capital alavesa relacionada con la pasividad ante asuntos políticos, supuso un acicate para acabar con el primer Gobierno de Juan Carlos I. La ciudad se había transformado totalmente en poco tiempo, y una clase obrera surgida en la oscuridad reclamaba su protagonismo. No todo empezó en 1976, y por eso también no hay que olvidar los antecedentes.

En lo referente a la huelga, hay que tener en cuenta diferentes factores, entre ellos la concienciación obrera y el debate que se dio en torno a la democracia. Junto a estos, el modelo asambleario basado en las Comisiones Representativas fue fundamental en el desarrollo de la huelga, por eso es necesario analizar su formación, desarrollo y funcionamiento.

La lucha de las mujeres también es reseñable: por un lado, las huelguistas de Areitio sacaron a relucir la desigualdad salarial; por otro, las trabajadoras del hogar, con sus marchas, difundieron las consecuencias de la huelga y consiguieron atraer a sectores amplios de la sociedad.

Tras la huelga la ciudad cambió radicalmente, y la movilización social se elevó a través de distintos conflictos. Lo ocurrido supuso un hito en la activación de la sociedad gasteiztarra y eso se notará en los siguientes años.

Hoy en día la manifestación del aniversario es de las más concurridas del año, señal de que lo ocurrido en 1976 ha dejado un rastro imborrable en la ciudad. La memoria del 3 de Marzo es cada vez más hegemónica en Gasteiz. Sin embargo, no ha sido siempre así, y durante muchos años ha habido silencio por parte de las instituciones, por eso se ha ido construyendo desde abajo. En definitiva, la memoria no es estática y se va transformando con el tiempo.

A fuego lento

GASTEIZ ERA CONOCIDA como una ciudad de «curas y militares», una imagen que cambió profundamente a partir de la década de los cincuenta, cuando la ciudad pasó en poco tiempo de 52.445 habitantes a 173.137 debido a un rápido proceso de industrialización.

Al principio llegaron obreros de las provincias cercanas como Gipuzkoa, Burgos o La Rioja, pero luego también de Galicia, Extremadura o Andalucía. En el censo de 1970 el 58 % de la población había nacido fuera de Gasteiz. Para entender este crecimiento hay que tener en cuenta distintos factores. La permanencia del Concierto Económico permitió la intervención de la Diputación para atraer empresas, y el impulso del Ayuntamiento y de las cajas de ahorro fue imprescindible para la construcción de suelo industrial y de nuevos barrios. A esto hay que añadir que muchas zonas industriales de Bizkaia y Gipuzkoa estaban saturadas, y los empresarios tuvieron que buscar nuevos emplazamientos.

Con la llegada de nuevas habitantes surgieron barrios nuevos (Zaramaga, Arana, Abetxuko, Adurtza, Errekaleor, Ariznabarra...). En general la planificación de Gasteiz fue bastante ordenada, sobre todo comparándola con la de otras capitales. Además de la intervención pública, la orografía ayudó, ya que la ciudad era plana y bien comunicada. Sin embargo, las diferencias entre el centro y los barrios eran evidentes.

Por otro lado, es cierto que el alzamiento franquista había triunfado sin problemas en Gasteiz, pero el franquismo no tuvo capacidad para organizar a la sociedad alavesa, la euforia de los requetés se apagó pronto, convirtiéndose en indiferencia. En la memoria anual del Gobierno Civil de 1962[1] se resaltaba que a pesar de que la mayoría la población alavesa era partidaria de Franco, había una «apatía hacia los problemas políticos y la participación en la vida pública (...) la idea práctica de que lo

---

1. GOBIERNO CIVIL DE ÁLAVA, «Memoria del Gobierno Civil de Álava, 1962», Archivo General de la Administración, 44/11324.

conveniente para cada cual es afrontar las obligaciones y trabajos de la vida cotidiana, desentendiéndose de los grandes principios y los intereses generales de tipo abstracto». Por eso, en opinión del Gobierno Civil, las acciones disidentes, si bien no recibían ayuda, «no encuentran una resistencia práctica (...) que impida su labor».

Con la implantación del franquismo, además de cientos de fusilados, toda la oposición pasó a la clandestinidad, pero a partir de la década de los cuarenta comenzó a reestructurarse. Esos años fueron duros para la oposición y sus acciones fueron fundamentalmente simbólicas; entre otras, colocación de ikurriñas, pintadas, distribución de propaganda y prensa o ayuda a los presos. El PNV, por ejemplo, en la década de los cincuenta desarrolló diversas acciones simbólicas y huelgas generales, en las que se mezclaban la denuncia por la carestía de la vida y la reclamación de libertades democráticas. En los sesenta la socialización de la juventud se realizó a través de los sectores progresistas de la Iglesia o de asociaciones como Manuel Iradier. Estas fueron la raíz de la nueva oposición. Por su parte, ETA tuvo presencia en el territorio desde el principio; la represión y las escisiones imposibilitaron a la organización tener una estructura estable, pero se convirtió en la cantera de muchos antifranquistas alaveses.

La sociedad excursionista Manuel Iradier, si bien en un principio se centró en el montañismo, se convirtió en un agente activo en la promoción de la cultura vasca. Entre sus actividades destacó el Festival Vasco de Mairulegorreta, que se celebraba en el monte Gorbea. La primera edición se realizó en 1963, y a pesar de las prohibiciones, fue creciendo, convirtiéndose en punto de encuentro de miles de euskaltzales. Junto a esta, el surgimiento de las ikastolas, la euskaldunización de adultos y la aparición de la nueva canción vasca, además de hacer frente a la españolización del franquismo, desarrollaron una cultura vasca moderna y urbana, en una provincia en la que estaba a punto de desaparecer.

En lo referente a la Iglesia, hay que mencionar el Secretariado Social Diocesano, dirigido por el sacerdote Carlos Abaitua. Dentro de este, estaban los centros sociales de Adurtza y Errekaleor, pieza fundamental para estructurar la comunidad de los barrios, y llave para abrir caminos democratizadores. Por un lado, las juntas de estos se elegían democráticamente por los vecinos. Por otro, utilizando los resquicios legales, Abaitua alentó una candidatura a las elecciones municipales de 1963 por el tercio familiar, consiguiendo llevar al ayuntamiento los tres candidatos presentados. Además de los centros sociales, se construyeron las residencias de obreros y obreras, para dar la primera acogida a las recién llegadas. Como puede verse, Abaitua no eligió el enfrentamiento directo, sino aprovechar los resquicios de la legalidad, a pesar de lo cual no era bien visto por las autoridades.

Al mismo tiempo, se fue creando una nueva clase obrera, que poco a poco tomaría conciencia. El proceso se aceleró en la década de los setenta, cuando en distintas fábricas se extendió el enfado por las condiciones laborales. A pesar de que los problemas se visibilizaban en la negociación del convenio, también tenían su reflejo en el día a día (accidentes laborales, sanciones injustas, horas extras, calendario...). En dicho proceso tuvieron importancia diversos factores: el reforzamiento de la relación entre los trabajadores, la socialización de los sectores católicos, la vida comunitaria en los barrios, la organización de los partidos de izquierda...

La trasmisión generacional fue muy débil, y la nueva clase obrera alavesa dio sus primeros pasos con experiencias propias. En ese sentido, las injusticias sufridas actuaron como un importante, mientras que las organizaciones clandestinas ayudaron a la hora de reforzar la conciencia obrera y extender las reivindicaciones.

Con la secularización de la sociedad, en la década de los setenta las asociaciones católicas perdieron fuerza, y muchos jóvenes se acercaron a grupos de extrema izquierda. A pesar de esto, el apoyo del sector progresista del clero fue imprescindible en muchos conflictos. En ese sentido, según el Gobierno Civil, un tercio del clero alavés era contrario al régimen, lo que se reflejaba en sus homilías y en el apoyo a conflictos obreros. Junto a ello, el monasterio de Estibaliz o el instituto Jesús Obrero eran vistos como refugios para la oposición.

Esta situación, siguiendo al Gobierno Civil[2], obligaba a «una constante vigía del Obispado, de auténtica fidelidad y adhesión a nuestro Caudillo y postulados del Régimen». De hecho, en 1973 la destitución del rector del seminario, José Zunzunegi, provocó que 106 sacerdotes mandaran una carta al obispo Francisco Peralta pidiendo su dimisión, la cual sería leída en distintas iglesias.

---

2. GOBIERNO CIVIL DE ÁLAVA, «Memoria del Gobierno Civil de Álava. 1973», AA, Subd., 704-4.

Por otro lado, en el territorio histórico surgieron distintas organizaciones de izquierda radical. Todas rechazaban la tendencia moderada del PCE y preconizaban la revolución socialista; sin embargo, entre ellas había diferencias: algunas, como ORT, MCE o PTE, se definían como maoístas, mientras que otras, como LCR-ETA VI, como trotskistas. Junto a estas hay que resaltar el grupo conocido como los Anticapis, que coordinaban distintas comisiones anticapitalistas de las fábricas, firmando con distintos nombres, como «Plataformas Anticapitalistas de Empresa de Álava» o «Militantes Obreros Anticapitalistas». Agrupaban a miembros de la OIC e independientes, y eran defensores acérrimos de las asambleas. El PSOE y la UGT también estaban presentes en Araba, y una nueva generación tomó su dirección, reforzando sus posiciones radicales.

En las fábricas fueron aflorando los conflictos. El primer paso era dejar de hacer horas extras, pero la acción más común era la «huelga de brazos caídos», es decir, permanecer en el puesto de trabajo, pero sin trabajar. La primera huelga destacable se produjo en Esmaltaciones San Ignacio en 1971. Las desavenencias comenzaron con la negociación del convenio, pero la tensión fue aumentando, llegando a producirse enfrentamientos ante la sede del Sindicato Vertical, y la ocupación del mercado de Adurtza por parte de las mujeres. La huelga se prolongó un mes, y hubo signos de solidaridad en otras empresas.

Más importante será la huelga de Michelin en 1972, ya que era la empresa más grande de la provincia, con más de 3.000 trabajadores. Con la negociación del convenio comenzó el conflicto, pero la empresa endureció su posición cerrando la factoría y despidiendo a 32 trabajadores. Agotadas las vías de mediación, el conflicto se extendió a la calle a través de concentraciones, y el 12 de febrero los disturbios estallaron en la ciudad; en opinión de las autoridades, la manifestación de aquel día fue «gigante»[3].

Sin embargo, la huelga fue un fracaso para los trabajadores de Michelin: tras dos meses volvieron al trabajo sin conseguir nada, muchos trabajadores fueron despedidos, y las condiciones dentro de la fábrica se endurecieron. A pesar de esto, la huelga fue una lección para la clase trabajadora gasteiztarra; aunque no se lograron los objetivos, la solidaridad se extendió entre trabajadores y estudiantes, y por

---

3. GOBIERNO CIVIL DE ÁLAVA, «Memoria del Gobierno Civil de Álava, 1972», Archivo de Álava (AA), Subd., 704-2.

primera vez el descontento llegó a la calle de forma masiva.

Los siguientes años la conflictividad persistiría en el mundo laboral. El Sindicato Vertical trató de resolver los conflictos dentro de la legalidad con pequeñas mejoras, pero muchas veces no hizo más que poner parches. Las soluciones parciales no resolvían los problemas y rápidamente se reavivaban. De este modo salía a relucir la escasa capacidad del Sindicato, así como la desconfianza hacia él entre los obreros. Asimismo, la solidaridad entre fábricas se extendía, a través de paros o de ayuda económica, y las reclamaciones laborales se mezclaban con consignas contra el régimen.

El Sindicato Vertical era una de las instituciones importantes del entramado franquista, que reunía a obreros y empresarios, pretendía evitar la lucha de clases, y resolver cualquier desavenencia dentro de la legalidad. Partidos como el PCE decidieron infiltrase en él, participando en las elecciones a representantes (conocidos como jurados y enlaces), con intención de controlarlo desde dentro. Por el contrario, los partidos de izquierda radical, en general, promovieron su boicot.

A su vez, en las fábricas fueron surgiendo comisiones y comités. Sin embargo, la falta de una organización hegemónica remarcó la necesidad de unidad. En ese sentido fue un hito el surgimiento de la Coordinadora Obrera de Vitoria (COV) en 1974, que agrupaba a los distintos grupos de fábrica y a las organizaciones de izquierda. Es reseñable que la plataforma reivindicativa de 1974 es el origen de la que se presentará en 1976.

En 1975 el franquismo volvió a mostrar su carácter represivo: implantó el estado de excepción en Bizkaia y Gipuzkoa, fusiló a los miembros de ETA Txiki y Otaegi y a tres miembros del FRAP, y en general, realizó cientos de detenciones. No obstante, la crueldad del régimen no pudo doblegar a la oposición, pero sí que subrayó sus debilidades. En ese sentido, la lucha contra los últimos fusilamientos, si bien tuvo escaso eco en el mundo laboral gasteiztarra, fue capaz de agitar las calles. Ese verano casi a diario se produjeron movilizaciones como concentraciones, manifestaciones, encierros en iglesias o reparto de panfletos.

Tras la muerte de Franco se abría una coyuntura nueva: el régimen estaba moribundo y para muchos sectores la expectativa del cambio político abierta. Desde el Gobierno se lanzaban mensajes democratizadores, pero no estaban claros los ritmos del cambio, y mucho menos la dirección o el alcance del proceso. A pesar de las expectativas, el sistema no desapareció de un día para otro, sobre todo porque su estructura jurídico-política y represiva continuaba vigente.

Asimismo, los efectos de la crisis del petróleo eran cada vez más evidentes. La crisis comenzó en 1973 con la subida de los precios del crudo, y pronto su influencia se extendió a nivel mundial, subiendo los precios de los productos básicos, y poniendo en peligro el futuro de muchas empresas. Se puede decir que supuso el fin del crecimiento económico posterior a la Segunda Guerra Mundial.

El Gobierno español en un principio no tomó medidas para hacer frente a la crisis, pero en 1975 decidió congelar los sueldos, lo que condicionará la negociación de los convenios. El entonces ministro de Hacienda, Juan Miguel Villar Mir, defendió ante la prensa que los sueldos habían subido más que los precios y que la situación económica era catastrófica, en su opinión, «los españoles hemos vivido (...) por encima de nuestras posibilidades».

En esta situación, a comienzos de 1976 las huelgas se extendieron por todo el Estado. Las más reseñables fueron las de Madrid y las del Baix Llobregat, pero en Euskal Herria también tuvieron eco. En Madrid además de a distintas fábricas la oleada también afectaría servicios públicos como el metro. Muchos trabajadores por primera vez superaron el miedo y salieron a la calle, y más allá de la industria, la ola se extendió a otros sectores. Si bien el origen de los conflictos solía ser económico, se mezclaba con reivindicaciones como la amnistía o las libertades democráticas. Al final el Gobierno consiguió esfumar la opción de una huelga general a nivel estatal, y controlar las huelgas de Madrid. En el cinturón rojo de Barcelona, por contra, las huelgas más importantes se desarrollaron en febrero, como la huelga general de Sabadell contra la violencia policial.

El comienzo de la huelga

A FINALES DE 1975 se realizaron reuniones en los montes cercanos a Gasteiz para elaborar una plataforma común con la que unificar la negociación de los convenios. La convocante era la COV, y acudieron representantes de distintos comités y comisiones de empresa, tanto miembros de partidos como independientes. Eran conscientes de que la clase obrera alavesa no estaba muy politizada, ni tenía una gran experiencia de lucha.

Sin embargo, como reflejaba un informe interno de la UGT[4], «había una situación aparentemente nueva, lo que en alguna medida a la vanguardia daba un poco de confianza (...) y a todo el movimiento obrero también confian-

---

4. «Por qué ocurrió lo del miércoles y en qué momento se encuentra la fase de lucha de la clase obrera», Archivo de la Fundación Francisco Largo Caballero, 000435-001.

za en cuanto a hacer asambleas, confianza en cuanto a salir, perder miedo». Al tiempo que «había 40 años de explotación, y la gente estaba muy hasta las narices, luego había una cuestión de carestía de la vida».

Los obreros más concienciados aprovecharon el descanso del bocadillo para hablar con el resto. Además de esto, en la mayoría de empresas que salieron a la huelga (Forjas Alavesas, Mevosa, Ugo, Esmaltaciones San Ignacio, Areitio, Aranzabal...) los años anteriores se habían producido conflictos en más de una ocasión. Si bien en la mayoría de los casos habían comenzado por peticiones de subida salarial, se fue conformando una pequeña estructura organizada al margen del Sindicato Vertical. Estas estructuras fueron necesarias para avanzar hacia las asambleas, garantizar una coordinación entre fábricas y acordar una plataforma común.

De nuevo con la negociación de los convenios colectivos comenzaron las diferencias. En Forjas Alavesas la empresa planteó que para negociar era obligatorio aceptar la jornada de cuarto turno, lo que posibilitaba trabajar sábados y domingos. Los obreros convocaron una asamblea el 23 de diciembre, a la que acudieron 400 personas, y al encontrar las puertas de la factoría cerradas se reunieron en la calle. Allí acordaron, entre otras cosas, pedir una subida lineal de 6.000 pesetas, una jornada semanal de 42 horas, percibir en caso de enfermedad o accidente el 100 % del sueldo, y un rechazo rotundo al cuarto turno. Como a la asamblea no acudieron los representantes del Vertical, constituyeron una comisión representativa para negociar directamente con la empresa.

El 8 de enero convocaron otra asamblea. En ella se dejó claro que los jurados del Vertical tenían que dimitir y la asamblea convertirse en portavoz única de los trabajadores. En opinión de los miembros de la asamblea, mientras los empresarios tenían derecho a reunirse, los obreros tenían que imponer «el derecho de REUNION, DE HUELGA Y DE ORGANIZARNOS como armas de la clase obrera para luchar contra la patronal». En esa asamblea se decidió comenzar la huelga, y el día siguiente, de 1.500 trabajadores 1.000 se unieron al paro, y a los cuatro días la empresa paró su actividad mientras continuasen las protestas.

El 10 de enero se unió Mevosa (la actual Mercedes), la segunda empresa más grande de la capital, con más de 2.000 trabajadores. Seguidamente se adhirieron Aranzabal, Gabilondo, Ugo, Apellaniz, Orbegozo, Cablenor, Talleres Velasco e Industrias Galycas. Según el diario *Norte Ex-*

prés, para el 14 de enero más de 3.500 personas estaban en huelga, más o menos el 10 % de la población laboral de la provincia. En otras empresas como Michelin o Cegasa hubo intentos de unirse a la huelga, pero no fraguaron al no conseguir arrastrar a la mayoría de operarios.

La petición económica era parecida en todas las empresas, se pedía la subida lineal de 5.000 pesetas, es decir que se subiera el mismo dinero a todos los obreros, al margen de sus categorías. Hasta entonces se realizaba la subida por porcentajes, y los que tenían sueldos más altos cobraban aún más. Con la subida lineal, en cambio, todas las trabajadoras tendrían el mismo incremento de dinero, y así disminuían las diferencias entre ellas. Esto fue clave para el impulso de la solidaridad obrera.

La plataforma reivindicativa común sirvió para agrupar distintas luchas. Además de reclamaciones salariales y de calendario, también se mencionaban otros factores, como la petición de jubilación a los sesenta años o de un mes de vacaciones, la falta de higiene, la peligrosidad o la falta de libertad para reunirse en asamblea.

Los obreros de Aranzabal, por su parte, resaltaron el coste de la vida, ya que era cada vez más alto, y se notaba en la compra de productos básicos. En ese sentido, veían posible y necesaria la reducción de la jornada laboral: «para conseguir una mayor dedicación a las tareas externas de la fábrica (familia, etc.) pues no vivimos solo para trabajar», y también para poder contratar a la gente parada. En Aranzabal se acordó el calendario antes de navidad, pero con el año nuevo los trabajadores rechazaron lo acordado, poniendo en duda la representatividad de los jurados.

En Cablenor era la primera vez que se realizaba una huelga en la fábrica, e Imanol Olabarria, representante de esta, recuerda vivamente el momento en el que se quebró la sumisión ante los superiores. Una vez parada la producción, apareció el jefe de personal; como recuerda Olabarria, era una persona temida, pero cuando ordenó la vuelta al trabajo, se quedaron callados sin cumplir la orden. En su opinión, «la gente (...) empezó a descubrir algo, que aquel (...) jefe de personal, que antes nos mandaba a todos y cada uno de nosotros, de repente todos juntos allí lo habíamos hecho marcharse con el rabo entre las dos piernas».

La huelga se iba extendiendo y el 16 de enero la dirección de Forjas despidió a veinte trabajadores, y semanas después, a otros 22. De ese modo, el conflicto se enquistó, y a partir de entonces, su readmisión pasó a primera línea.

La democracia en juego

EL GOBIERNO ESPAÑOL comenzó a lanzar mensajes en torno a la democracia, al tiempo que seguía loando la figura de Franco. El Gobierno sabía que el cambio era necesario, por eso buscaba un equilibrio entre una democracia homologable con Europa y el mantenimiento de las esencias del franquismo. Para llevar a cabo esa operación el mantenimiento del orden público era crucial.

A comienzos de año el ministro de Gobernación y hombre fuerte del Gobierno, Manuel Fraga, en una entrevista al *New York Times,* dejó claro cuál era su pensamiento político, y con ello su modelo de democracia: «Soy un hombre (...) que ha sido calificado como adscrito a la filosofía liberal y de temperamento autoritario. Creo que la democracia necesita un mando fuerte». Al mismo tiempo, adelantó:

«Hay cosas (...) que no serán gratas de hacer, pero estoy preparado. Se lo aseguro».

En el movimiento obrero gasteiztarra se veían con desconfianza los mensajes que venían desde las autoridades. Por ejemplo, los obreros de Aranzabal creían que «son promesas para que nos durmamos en los laureles y no planteemos nuestras justas reivindicaciones, y para que nuestros patronos tengan vía libre y sigan acumulando mayor beneficio, a costa de mayor explotación». Por eso, veían que la asamblea era el único modo de organizarse, y así actuar delante de la empresa. Con el desarrollo de la lucha la Asamblea de Fábricas en Lucha[5] resaltaba que:

> Despues de 36 días de huelga, nos contentan con engaños, amenazas y palos.
>
> Llevamos mas de 100 despedidos, multas y cada día mas detenciones.
>
> Despues de soportar toda nuestra vida la explotación ahora palpamos en carne propia que nuestros patronos son más asesinos que nunca. Justo cuando más nos hablan de participación y democracia.

---

5. Se trata de una de las firmas utilizadas por las Comisiones Representativas.

Por contra creían que se debía mantener la democracia obrera «a pesar de los intentos del Sindicato y de la Patronal de hacer votación secreta, que ellos "llaman democrática", apoyándose en el miedo y la falta de libertad de la gente en un Estado Capitalista». La visión empresarial era distinta, y desde el Consejo de Empresarios se achacaba que «Sorprende una comisión que demanda libertad y rechaza sanciones y que en sus actuaciones dentro y fuera de las asambleas no respeta los más básicos principios de libertad y democracia». Sin duda alguna, se estaban contraponiendo la democracia obrera y la democracia liberal que prometía el régimen.

Para el empresariado también el régimen franquista estaba agotado, y veía con buenos ojos el paso hacia una democracia liberal, pero con sus limitaciones, sobre todo, sin poner en riesgo sus beneficios. Los huelguistas de Gasteiz, en cambio, sin esperar a nadie pusieron en marcha la democracia directa, demostrando que había un modelo alternativo.

En este contexto, en prensa se difundieron cartas anónimas criticando las votaciones a mano alzada, arguyendo que las asambleas estaban controladas por una minoría radical. De cualquier modo, para aplacar los rumores en algunos casos se realizaron votaciones secretas y la opción favorable a la huelga se mantuvo. Las Comisiones Representativas (CCRR), por su parte, defendieron la votación pública:

> ... haciendo ver que la votación a mano alzada, es la más libre porque se apoya en la unión del conjunto, en la pérdida del miedo, apoyándose en los demás y en los verdaderos intereses de la clase que se reflejan en Sector más combativo de la Asamblea, que debe marcar la línea de defensa de los intereses de la Clase.

En su opinión, cuando la votación era secreta, la clase obrera, «no es libre, sino un muñeco de los intereses de la patronal». El periodista Joaquín Estefanía realizó un artículo sobre la huelga y apoyaba ese planteamiento: «Pero en el razonamiento está la trampa y se le puede dar la vuelta. El miedo a la represión, a los despidos, a las listas negras..., es más grande que una acusación de reaccionarismo; las votaciones a mano alzada estimulan la unión del conjunto».

Según el sindicalista de UGT Agustín Plaza, durante esos meses se puso en práctica una auténtica democracia:

> ... yo no he visto nunca en mi vida tanta democracia como en aquella época porque

> la participación de los trabajadores era (...) totalmente activa, los trabajadores participaban dando su opinión sin ningún tipo de problema. Jamás (...) he conocido un período mejor de democracia obrera y participativa. Ojalá volviesen aquellos tiempos donde los trabajadores son los que deciden la situación.

Para Imanol Olabarria la mayor satisfacción fue la participación de la gente mayor:

> ... nunca le había preguntado nada por su fábrica, por sus condiciones de trabajo, necesidades... De repente empezamos a hacer preguntas y la gente participa y tiene que tomar decisiones, descubre un mundo nuevo, y un poco orgullosos en el sentido sano de la palabra.

En su opinión, la asamblea «para nosotros era una escuela, (...) recuperar un espacio, que no teníamos antes, donde nos sentíamos libres».

Tomás Etxabe, representante de Forjas, escribió un libro en el que relataba la experiencia de la huelga. En este resaltaba cómo fue notando un cambio de mentalidad, y a pesar de que al principio algunas voces ponían en duda la legitimidad de las asambleas,

> … fueron suficientes unas pocas asambleas para borrar, aunque no del todo, esa mentalidad burguesa. Al principio fue la práctica de la democracia obrera, ilegal, anticapitalista y antigobierno y luego vino la explicación y comprensión, hasta cierto punto, de esa práctica ilegal y democrática.

Joaquín Estefanía concluía que:

> Los obreros vitorianos descubrieron el verdadero poder de la asamblea y la desarrollaron en los grados más sofisticados, como medio de concienciación y de extensión de sus problemas y de su lucha al resto de las clases sociales. Ejercieron la democracia directa necesaria en el momento más álgido de una lucha…

Asambleas y organizaciones

LA AUTORIDAD DEL SINDICATO VERTICAL se vio cuestionada desde el principio. Un ejemplo interesante ocurrió el 15 de enero; la Organización Sindical, con el apoyo del Gobierno Civil, organizó una reunión de Mevosa, pero solo acudieron unos 500 operarios, y algunos advirtieron que había otra asamblea, sin permiso, pero con 1.000 obreros, en la iglesia de Los Ángeles. La primera acabó sin votación, y la mayoría de los presentes acudieron a la otra.

Las CCRR desde el principio dejaron claro que el objetivo no era usar la estructura sindical, sino destruirla; por eso se pidió la dimisión de los enlaces y jurados, lo cual se consiguió en algunos casos. Hubo excepciones como en Ugo y Aranzabal, ya que los jurados de esas empresas aceptaron someterse a las asambleas.

La asamblea conjunta realizada el 29 de enero rechazó definitivamente la vía del Vertical.

La patronal, por contra, no aceptaba ni las subidas lineales, ni negociar con las Comisiones Representativas, ya que las consideraba ilegales. Algunos empresarios, con el paso del tiempo, llegarían a negociar con su comisión, como fue el caso de Mevosa a mediados de febrero. Esto sacaría a relucir el debate en torno a la legalidad.

El Sindicato oficial, por su parte, a pesar de respaldar las reclamaciones salariales, creía que había que utilizar la vía legal y sus representantes, por eso, denunció que el conflicto se estaba desviando. Al hilo de esto, no aceptó la dimisión de los jurados de Forjas y otras empresas. En opinión del Sindicato, «la legalidad ha dejado de tener su tradicional atractivo en favor de la ilegalidad que de momento no encuentra obstáculos insalvables». Dentro de la institución también surgieron grietas, y en febrero se pidió la dimisión del presidente del Consejo de Trabajadores, Miguel Ortiz Osés. Sin embargo, el presidente ni siquiera aceptó que se realizase la votación.

Las asambleas de fábrica, en cambio, serán clave para el desarrollo de la lucha. En palabras de las CCRR, eran órganos «de información, de discusión y de decisión», y toda decisión importante se tomaba en asambleas. En ese sentido, «Desde el principio se planteó que nadie podía tomar actitudes individuales, y que todo el mundo debía someterse a las decisiones de la mayoría, pues eso era la verdadera democracia obrera». Los representantes eran revocables si las asambleas lo decidían así, y siempre tenían que actuar siguiendo los dictados de estas.

Además de las asambleas de fábrica, surgieron las asambleas comunes para unificar la lucha, la primera se realizó el 22 de enero. Se reunían dos veces por semana, y en ellas

> se analizaba la lucha en conjunto y se unificaban los criterios de lucha y los pasos a dar en conjunto. En estas Asambleas, no se marcaban consignas a dar ni se tomaban decisiones si antes no habían sido votadas por las Asambleas particulares.

Así, según las CCRR, «se consigue mantener fusionados a la Vanguardia y la Clase, evitando los peligros de burocratización e individualismo que de otro modo podrían darse». Además de esto, las asambleas convirtieron en el lugar para compartir deseos y quejas entre las distintas fábricas. De ese modo, se dieron cuenta que tenían intereses comunes, y que para conseguir la victoria era necesaria la unidad.

Se pude decir que las CCRR constituyeron la dirección de la lucha. En ellas se reunían los representantes elegidos en las asambleas de fábrica, y en su opinión, este era su papel:

> Hemos de constatar que estas Asambleas de Representantes y las que se hacían junto con las delegaciones de los sectores populares, han tenido una función muy importante cara a dinamizar las Asambleas, buscando una mayor eficacia a la globalidad de la lucha, orientando, coordinando y exponiendo claramente a las Asambleas las valoraciones que en esta reunión se hacían, situando los errores y peligros de la lucha y marcando las alternativas del momento.

El historiador Carlos Carnicero, por su parte, cree que las diferencias internas no permitieron constituir una organización estable:

> Más allá de los puntos básicos de entendimiento reflejados en la Plataforma Conjunta y de la voluntad firme de lucha frente al sistema capitalista, los acuerdos resultaron muy difíciles de obtener en el seno de la Coordinadora [de CCRR]. De cualquier forma, su papel resultó decisivo para la dinamización y extensión de la huelga.

El miembro de UGT Arturo Val del Olmo fue también miembro de las CCRR y cree que ese organismo fue imprescindible para dirigir la lucha y mantener la unidad:

> Esta Coordinadora tuvo la capacidad de dar una dirección sindical y política precisamente porque estábamos organizados y teníamos una ideología anticapitalista que coincidía en los puntos fundamentales respecto al contenido a dar al conflicto. También porque se conectó con las necesidades y aspiraciones del conjunto de los trabajadores. Si no hubiera sido así, el sector de las CC.RR. que estaba en desacuerdo con la orientación que se estaba dando, sector vinculado al PCE, hubiera tenido éxito en sus intentos, repetidos, de dividir o modificar el rumbo de los acontecimientos.

Por contra, en las asambleas aparecieron diferencias. Jesús Fernández Naves, representante de Mevosa, creía que había un desfase entre la asamblea común y las de fábrica, ya que a la primera no acudían la mayoría de los trabajadores, sino exclusivamente el sector más concienciado, por lo que se «solicitaban soluciones de avance que no eran el reflejo que se estaba dando en el conjunto».

Asimismo, tenemos que señalar que las asambleas no son una especificidad alavesa, ya que en esa época eran clave en los conflictos obreros. Siendo los sindicatos ilegales, la asamblea era el mejor camino para conectar con la clase trabajadora. Sin embargo, en pocos sitios se llegó a construir una estructura como la de las CCRR.

Por otro lado, la continuación de la lucha no se puede entender sin tener en cuenta el papel de la vanguardia. No era una vanguardia estable, y menos en un sentido estricto, sino que era el sector más concienciado de la clase el que que se reunía en las CCRR. La COV era el origen de esta, y su legitimidad se ganó en las asambleas. Al mismo tiempo, su mensaje se extendió rápidamente a amplios sectores de la clase obrera.

Tomás Etxabe subraya:

> ... la intervención de la vanguardia que sobrepasó los límites casi siempre economicistas hasta entonces desarrollados, para saltar hacia una comprensión política mucho más amplia de la práctica de la lucha obrera, que opera activamente en la conciencia obrera y en la comprensión de la línea de liberación de la clase obrera.

En su opinión, fue fundamental para comenzar y desarrollar la lucha. Al tiempo que hace frente a «ciertas críticas en el sentido, de que esta lucha ha sido espontánea, descontrolada, salvaje, sin dirección política».

Juanjo San Sebastián, miembro de LCR-ETA VI y representante de Cablenor, también resalta el papel de la vanguardia:

> Yo recuerdo, pues discusiones con Olabarria, (...) que nosotros éramos los recadistas de la asamblea. Y yo decía: «Hombre eso está muy bien que se los digan al juez cuando te han procesado por sedición, no se lo cree ni el juez, pero no te lo creas tu tampoco, porque eso no es verdad. Nosotros estuvimos dirigiendo esa huelga».

Naves, por contra, afirmaba que «es operativa y positiva para la clase obrera la existencia de una sana espontaneidad, porque permite definir cuáles han de ser las líneas de intervención concretas para superar en la práctica las tesis reformistas, linealistas y etapistas».

Hay que tener en cuenta las dos variables: aunque existía una vanguardia, esta no tenía todo atado. En ese sentido, la magnitud de la huelga pronto desbordó las previsiones de la vanguardia. Como confirmaba Naves: «Nadie esperaba que tuviera el radicalismo que tuvo. Nos sorprendió a todos».

Carlos Carnicero defiende que «La falta de politización y encuadre previo en organizaciones político-sindicales de la mayoría del colectivo trabajador vitoriano, facilitó la influencia de los líderes más carismáticos». Dentro de las CCRR destacaron varios miembros que conseguirían sobresalir entre las masas; entre otros, Naves, Tomás Etxabe, Joseba Marijuan, Arturo Val, Imanol Olabarria, Paco Lekuona o Iñaki Martin. Por contra, la visibilidad de las mujeres fue mucho más reducida. Dichos líderes militaban políticamente desde hacía tiempo, bien creando comités en las fábricas, bien en diferentes organizaciones.

Por tanto, la vanguardia era plural y aunque las siglas quedaron en un segundo plano, no se puede entender la lucha de Gasteiz sin el trabajo previo de distintas organizaciones opositoras. Al fin y al cabo, dentro de las CCRR los miembros más destacados pertenecían a estas. Como ha analizado Joaquín Estefanía, «Los partidos políticos solo estaban representados si sus afiliados eran elegidos. En ese sentido es justo decir que buena parte de los representantes pertenecían a partidos políticos, aunque en una proporción menor que la que se hubiese dado en otra ciudad más industrializada». Según Iñaki Martin, miembro de LCR-ETA VI y representante de Mevosa, «aparcamos (...) las diferencias políticas que pudiera haber entre nosotros y nos centramos mucho más en la estrategia y en el día a día, (...)

veíamos que había una potencialidad enorme». A pesar de mantener la unidad, cada organización hizo su propia lectura de los acontecimientos.

En primer lugar, hay que resaltar el papel jugado por los «Anticapis» debido a la fuerza que tenían en determinadas empresas y porque algunos de los líderes más destacados pertenecían a ese sector; entre otros, Naves, Olabarria, Tomás Etxabe o Joseba Marijuan. Entre los Anticapis también hubo diferencias, pero estas se manifestaron tras la huelga, sobre todo entre militantes de la OIC e independientes. Los primeros plantearon la necesidad de un partido obrero, mientras que los segundos subrayaban el protagonismo de las masas a través de las asambleas.

Los Anticapis defendieron la preponderancia de la asamblea; sin embargo, al principio no vieron con buenos ojos la salida a la calle, ya que en su opinión ello reflejaba «una debilidad de la clase obrera que, al no entender toda la presión que supone el paralizar la producción capitalista, se lanza a la calle desviándose así su conciencia de clase». Por ello priorizaban la concienciación obrera. No obstante, cuando la mayoría auspiciada por LCR-ETA VI y otros sectores consiguieron ganar la mayoría en ese sentido, lo tuvieron que aceptar.

Ante las negociaciones, cuando la huelga se alargaba más de un mes señalaban que «nosotros estábamos planteando que la cuestión de negociar era una cuestión de poder: poder patronal contra poder obrero. Entonces no era todavía nuestro poder suficiente como para enfrentarnos a la patronal». En opinión de Carlos Carnicero, sus planteamientos en muchas ocasiones resultaron ganadores en el seno de las CCRR:

> ... pero más por el peso específico de determinados líderes –que dirigían las asambleas de las empresas con mayor número de trabajadores– vinculados a sus planteamientos, que por la existencia de unanimidad en el seno del órgano director de los trabajadores en lucha.

LCR-ETA VI, además de mostrar su apoyo a las asambleas y rechazo al Vertical, defendía que era el tiempo de la unidad. Sin embargo, en ocasiones fueron críticos con los Anticapis. Así lo expresaban en su revista *Combate*:

> ... mantenía unas posiciones bastante «puristas»: por un lado en la coordinadora de las Comisiones Representativas sólo estaban presentes representantes de empresas que estuvieran ya en huelga, pero se despreciaba toda coordinación con CC.OO. de las demás empresas, con los organismos de base de es-

> tudiantes, etc. Por otro lado, «OCA» [Anticapis] es reticente a considerar a las Comisiones Representativas como órganos de dirección de la huelga...

Tras la huelga, en un informe interno[6] defendió que la experiencia de Gasteiz no se podía entender «sin la intervención de esos lideres obreros ligados al movimiento, pero tampoco sin nuestra actuación, que apoyándose en el movimiento, impulsó a esos lideres que asumieran las alternativas políticas que planteaban las necesidades de la lucha».

La UGT también impulsó el asamblearismo y estuvo con las CCRR desde el principio. Como conclusión remarcó que:

> A lo largo de esta lucha la clase obrera ha comprendido que defender un «salario digno» es hacer política, que defender el derecho de asamblea es hacer política; en definitiva ha comprendido que debemos «hacer política» para avanzar en el camino de la emancipación obrera.

El PCE, por su parte, ante el alargamiento de la lucha, planteó la necesidad de negociar. La

6. LCR-ETA VI, «Actas Pantalón - Marzo», marzo de 1976, Lazkaoko Beneditarren Fundazioa, LKI 005, 03.

Comisión Obrera Nacional de Euskadi (CONE), apoyada por el PCE, se mostró crítica con el papel de los Anticapis. En su opinión: «Hacen un canto al espontaneismo obrero (...) en realidad, es dejar a la clase obrera desprovista del elemento político que estos momentos es fundamental». Defendió la participación de los jurados, si se ponían a disposición de las asambleas, y fue crítica con la utilización de la violencia por parte de los trabajadores: «la acción obrera no ha sido la más adecuada para hacer valer sus razones y para lograr sus justísimas reivindicaciones».

La ORT, también a mediados de febrero, mediante un panfleto, pidió negociar: «Exigir con la lucha la negociación a la patronal, y exigir una negociación colectiva para que no nos dividan. Cuanto más unidos estemos y planteemos nuestras reivindicaciones, más fácil será la victoria sobre la patronal». Por eso plantearon la necesidad de una comisión negociadora común. Al tiempo que defendían que: «Las COMISIONES REPRESENTATIVAS pueden y deben ser el punto de partida de donde el proletariado vitoriano construya sus Comisiones Obreras».

A la calle

DETENCIONES, DESPIDOS Y MULTAS fueron aumentando al tiempo que la lucha se desarrollaba, y se convirtieron en obstáculo para la negociación. De hecho, los huelguistas quisieron acabar con todas las represalias antes de negociar las condiciones laborales. Por ejemplo, la dirección de Forjas retiró el cuarto turno a principios de febrero, pero como se mantuvieron los despedidos, se decidió continuar con la huelga.

En ese sentido, en la primera asamblea común se tomaron algunos acuerdos que serán clave en el desarrollo del conflicto:

- No incorporarse al trabajo unilateralmente sin que haya sido previa y solidariamente acordado en una asamblea conjunta.
- No incorporarse al trabajo si no lo hacen primeramente los despedidos y represaliados.
- No al Sindicato [Vertical] y ratificación de la Asamblea como único órgano de negociación.

Por otro lado, los paros laborales se extendieron más allá de Gasteiz, ya que Lipmesa de Laudio y Orbegozo de Agurain se unieron a la huelga. En el primer caso, se reincorporaron al trabajo tras alcanzar un acuerdo económico, mientras que en Orbegozo la lucha siguió y en Agurain también se realizaron movilizaciones. Los trabajadores se reunían en la iglesia de San Juan y también salieron a la calle. Por ejemplo, el 20 de febrero acudieron a la fábrica a pitar a los encargados, gritando por el camino: «Somos obreros, queremos negociar». Además, organizaron una proyección de cine para recaudar dinero, y obstaculizaron la carga de los camiones.

En este contexto el Gobierno había conseguido controlar las huelgas de Madrid, pero con la de Gasteiz era incapaz, y la permisividad que existió en las primeras concentraciones pronto desapareció. Por ejemplo, en enero la policía no obstaculizó algunas concentraciones, como la que realizaron los huelguistas de Forjas el día 13 delante de la sede del Sindicato Vertical; entonces algunos trabajadores aplaudieron su actitud.

Al final de enero se debatió en las asambleas la necesidad de tomar las calles. El 31 de enero se decidió acudir a la plaza de la Virgen Blanca con buzos de trabajo. El objetivo de la acción era «demostrar al pueblo de Vitoria su fuerza y su unión». Sin embargo, la policía obstaculizó la concentración.

El 2 de febrero se convocó una nueva manifestación a la que acudieron unas 4.000 personas. Ese día se produjeron graves disturbios tras las cargas policiales en Portal de Arriaga. Pero a pesar de ello, la manifestación continuó. Mucha gente consiguió llegar a la Casa Sindical, y una comisión se reunió con sus representantes, pero cuando estaban dentro la policía volvió a cargar.

El cambio de la actitud de la policía se comentó en las asambleas, concluyendo que «la policía se convertía en ocasiones en el "piquete de explotación"». La publicación *Abenduak 11* de la ORT lo recoge así: «Tres horas de resistencia ante las brutales embestidas de la Policía Armada, ofrecieron los combativos obreros. Más de 200 heridos, fue el resultado de los porrazos, gases lacrimógenos, etc.». A pesar de todo, siguiendo a la ORT, tras la manifestación del 2 de febrero los obreros habían «fortalecido sus lazos frente a la intransigente patronal y las cargas de la policía asesina».

El 7 de febrero la COV lanzó un panfleto para pedir la participación de los trabajadores que no estaban en huelga, y sobre todo resaltó:

«¡AHORA! Cobra más urgencia que nunca sacar la lucha de las iglesias a la calle, el que los que todavía trabajamos realicemos asambleas para, por medio de nuestros auténticos representantes, conquistar nuestras reivindicaciones». El siguiente día las Comisiones Representativas hicieron un llamamiento a la clase obrera gasteiztarra para unirse y apoyar la lucha de los huelguistas: «Los patronos están unidos y tienen en sus manos, el dinero, el poder, el estado, las leyes, el sindicato, y la Policía. Pero nosotros tenemos en nuestras manos, la producción, la unión y la razón».

Al mismo tiempo, en la entrada de las fábricas los enfrentamientos se hicieron habituales, ya que los obreros intentaban parar la producción y echar en cara a los esquiroles su actitud. Esto ocasionó enfrentamientos entre obreros y sobre todo con la policía. Esta sería la excusa utilizada para realizar detenciones. En opinión de los huelguistas, «se comprenden las razones que tienen los que han entrado, pero es inexplicable esta actitud porque esas razones las tienen todos y quizás muchos infinitamente mayores».

El 13 de febrero en la asamblea general se dio cuenta de las multas y las detenciones, por lo que se decidió detener las negociaciones hasta conseguir la libertad de los detenidos, y no pagar las multas. Para entonces los huelguistas Ambrosio Fernández Lavín, José Martínez de Icaya y José Antonio Fernández estaban en la cárcel de Nanclares; además de estos, dos trabajadores de Cablenor, tres de Forjas, y uno de Mevosa y de Aranzabal fueron detenidos por participar en piquetes, entre ellos Joseba Marijuan y Tomás Etxabe. El último era para la policía «el principal instigador de la formación y actuación de los piquetes»[7].

Por la tarde los huelguistas se acercaron al Gobierno Civil y una comisión consiguió hablar con el gobernador, este arguyó que no podía hacer nada por los detenidos ya que estaban en manos judiciales. En cuanto a la violencia policial, les respondió «que él ya les dice a los policías que no pegen (sic), pero hay que comprenderles porque trabajan desde las 6 de la mañana, y pueden estar cansados o nerviosos».

Las explicaciones del gobernador no convencieron a los huelguistas, y la asamblea se convirtió en encierro: 1.000 personas pasaron la noche en la iglesia de San Francisco, y decidieron convocar la primera huelga general para

7. «Remitiendo copia Diligencias número 396», Gasteiz, 16 de febrero de 1976, AA, Subd. 1124.8.1 3.

el día 16. Las principales reclamaciones eran la libertad de los detenidos y la anulación de sanciones y multas. Junto a ello, exigían: «APERTURA DE NEGOCIACION INMEDIATA SOBRE LA BASE DE NINGUNA REPRESALIA PATRONAL NI POLICIAL Y MEDIANTE NUESTROS AUTENTICOS REPRESENTANTES».

Val del Olmo cree que esa noche fue fundamental para el desarrollo de la lucha:

> Durante la noche las familias llamaban o se acercaban para llevar algo caliente, acompañar a los encerrados, ver cuál era la situación, indagar por si necesitábamos algo. Todo Vitoria sabía que más de mil trabajadores estábamos encerrados en la iglesia de San Francisco y aquella noche fue muy peculiar con cientos de intervenciones sobre la situación que estábamos viviendo y las perspectivas.

El domingo anterior a la huelga el ambiente se crispó y los disturbios estallaron en el centro de la ciudad, según recoge el periódico *Norte Exprés*:

> Repartidos en grupos, menos numerosos y estratégicamente repartidos por el centro y la periferia, volvieron los manifestantes con sus recorridos y slogans a las calles vitorianas, siendo desalojados principalmente en

> Dato, donde la aglomeración coincidía con el paseo dominguero. Las carreras por San Prudencio y General Alava, se paraban en la Florida y en la catedral nueva, donde volvían estos grupos a reorganizarse. Hay abundancia de panfletos que incitan a la huelga general en nombre de la asamblea de fábricas en lucha. La situación es muy difícil.

El Correo resaltó la ruptura de los cristales del Círculo Vitoriano. Esa acción se debe considerar una metáfora, ya que los obreros de la periferia atacaron el lugar de reunión de la burguesía vitoriana. Los huelguistas de Mevosa subrayaron que el centro vivía ajeno al conflicto: «El centro de la ciudad vive al margen de los conflictos. Es la minúscula zona de comercios caros y los bares confortables. Allí, la policía interviene rápidamente. Allí se dirigirá la manifestación de hoy».

Simbólicamente los obreros llevaban el mono de trabajo para mostrar el orgullo de pertenecer a la clase obrera. Val del Olmo en su libro autobiográfico lo recuerda bien:

> Todos aquellos monos azules, desgastados por haber sido tantas veces lavados, eran un símbolo de nuestro orgullo de pertenecer a una clase dispuesta a defender con dignidad

> nuestros derechos. Mientras pasábamos por la calle Dato algunos empresarios y sus señoras, con los abrigos de pieles informalmente dispuestos en el respaldo de la silla, miraban asombrados, detrás de los visillos del Círculo Vitoriano, aquella estampa soberbia que hacía más de cuarenta años que no veían.

A pesar de que los disturbios aumentaron, la consigna de los huelguistas no era atacar a la policía, sino defenderse de ella. Por eso, entre los trabajadores se desarrollarían métodos de autodefensa, entre otros, llevar piedras y tirachinas, levantar barricadas, o pinchar las ruedas de los jeeps. En el informe interno de UGT citado anteriormente se afirmaba que:

> ... eso se dijo claramente, que no estamos en condiciones de enfrentarnos, pero está que defendamos (sic) de ella. Es a partir sobre todo del sábado, cuando ya la gente cuando ve a la policía se plantea su propia auto-defensa, entonces es cuando ponen barricadas de coches para que la policía no llegue y les de tiempo a marcharse, y así toda esa serie de cosas.

El día 16 se unieron a la huelga bastantes fábricas, y se repitieron las manifestaciones y las cargas policiales. No obstante, la huelga no fue total y el mayor seguimiento se produjo en Zaramaga, donde la mayoría de comercios y bares cerraron. A pesar de lo cual se consiguió la libertad de los detenidos por participar en piquetes. Sin embargo, la mayoría de las empresas que se sumaron ese día regresarían al trabajo los días siguientes tras llegar a acuerdos.

Los estudiantes también se unieron a los obreros y esto les ocasionó represalias. De hecho, la Delegación del Ministerio de Educación mandó una nota a los directores de los institutos para que tomasen medidas para evitar huelgas. Entre las medidas planteadas estaba la pérdida de la matrícula anual.

El ansia del alumnado, en cambio, no se amilanó, según afirmaban, «Porque como era nuestro deber, luchamos por la justicia que en ese momento era y es ayudar a nuestros compañeros los obreros». Desde comienzos de enero el alumnado del Instituto Mixto comenzó a organizarse en comisiones para denunciar las carencias del centro, y algunos fueron expulsados. Además de esto, denunciaron el autoritarismo de los profesores y la falta de legitimidad de los representantes estudiantiles oficiales.

Mientras tanto, se convocó otra huelga general para el 23 de febrero, y el sábado anterior se organizaron marchas desde los barrios.

De nuevo, la policía las disolvió con granadas de humo, pero los manifestantes hicieron frente como pudieron a las embestidas policiales y cortaron varias carreteras, incluida la N1. No pudieron llegar al centro, pero en la ciudad se vivió una auténtica batalla campal, con por lo menos dos detenidos.

El objetivo de la huelga general era convertirse en indefinida, pero en opinión de algunos tenía que ir más allá. Así, las Comisiones Representativas publicaron una hoja en la que defendían que la patronal era la responsable de la huelga, y afirmaban que la clase obrera «cuando pide PAN, LIBERTAD, Y PARTICIPACIÓN para el pueblo no sólo no altera el "Orden Público" sino que es cuando mejor contribuye a la verdadera PAZ».

El seguimiento de la huelga no fue muy amplio. Según fuentes policiales, solo tres pequeñas empresas se sumaron a la convocatoria y la asamblea general tuvo que reconocer: «Se ha constatado la escasa respuesta a la convocatoria de la huelga general». Tras el fracaso los huelguistas entendieron que era necesario atraer a nuevos sectores, por ello convocaron una asamblea para el 27. En la convocatoria se hacía alusión a taberneros, comerciantes, trabajadoras de sanidad y banca, trabajadoras del hogar, estudiantes y profesionales liberales. Así se quería extender la lucha más allá del mundo industrial.

Por otro lado, once obreros de Aranzabal comenzaron una huelga de hambre para aumentar la presión y hacer frente a las amenazas de despido, al tiempo que los disturbios en las calles ya eran una constante. Por ejemplo, en el diario *El Correo* del 29 de febrero se reflejaba la situación:

> En el momento de redactar estas líneas, manifestaciones simultáneas de grupos no demasiado numerosos se repetían insistentemente por las calles de la ciudad, que como ya viene siendo habitual todos los sábados se han convertido en escenario de carreras, algaradas y enfrentamientos, en algunos momentos de verdadera tensión.

En este contexto el periodista José Antonio Abasolo apunta que: «En Vitoria (...) y sobre todo en la segunda quincena de febrero, el poder gubernativo se quedó sólo y aislado frente a un movimiento popular cuyo control no parecía estar, de modo determinante, en manos de nadie».

Concienciación

UNA DE LAS RAZONES del éxito de la lucha fue la concienciación obrera. A través de los años los trabajadores fueron tomando conciencia de su explotación, ya que, siguiendo al historiador E.P. Thompson, la conciencia de clase no surge mecánicamente. En su libro *La formación de la clase obrera en Inglaterra*[8], defiende que la existencia de la clase sale a relucir a través de experiencias comunes; «sienten y articulan la identidad de sus intereses a la vez comunes a ellos mismos y frente a otros hombres cuyos intereses son distintos», y generalmente opuestos; proceso en el que descubren la lucha de clases. Por eso, «La conciencia de clase es la forma en que se expresan estas experiencias

---

8. THOMPSON, E. P. (2012), *La formación de la clase obrera en Inglaterra*, Capitán Swing, Madrid, pp. 27-28.

en términos culturales», y puede surgir en distintos contextos y periodos, «pero nunca surge exactamente de la misma forma».

En el caso de Araba, la conciencia se fue cocinando a fuego lento los últimos años del franquismo. De hecho, a pesar de tener diversos orígenes, la clase se fue estabilizando gracias a las conversaciones en voz baja en las fábricas y a las relaciones surgidas en los barrios. Así, partiendo de la explotación sufrida en las fábricas, se fueron visibilizando los problemas de los barrios o el papel de las instituciones.

Sin embargo, en dos escasos meses el proceso de concienciación dio un paso de gigante. Para ello fueron imprescindibles los debates de las asambleas, ya que, tras cuarenta años de silencio, era la primera vez que se hablaba en público de política. Además, la unidad entre los obreros fue fundamental para visibilizar los deseos comunes.

El historiador Gonzalo Pérez ha analizado la formación de la clase obrera gasteiztarra y ha concluido que «la confrontación era producto de una lenta acumulación de experiencias, que partían, fundamentalmente, de la común explotación. Allí se fueron conformando unas redes invisibles para el poder de turno, que se expresaron en esos hechos rupturistas». Debido a esto, «en esa fragua se fueron uniendo ese conjunto de historias, haciendo posible su transformación en sujeto colectivo». Por lo que «Se fue constituyendo esa nueva mixtura, en torno a la reivindicación de la libertad, ese emblema de los movilizados, eso que casi ninguno había vivido, y que, al mismo tiempo, explicaba a todas las demandas».

La conciencia fue tomando forma entre las obreras. Por ejemplo, en Forjas Alavesas los huelguistas explicaron que «esta lucha no es sólo por 6.000 pesetas, sino por la unión de todos los trabajadores. Es cuestión de conciencia comprender lo que significa esta lucha». Los huelguistas de Cablenor añadieron que «el problema no es únicamente económico. El problema es de solidaridad de clase», por eso concluyeron que «nuestra lucha, es inevitablemente política».

Como afirmaba Naves: «las 5.000 pesetas que queremos conseguir ya las tenemos perdidas. Es la lucha por nuestra libertad y por nuestra dignidad y por nuestra unión, lo que nos interesa». Por su parte, Imanol Olabarria recuerda que en una asamblea general expresó que «Una sopa de ajo comida en comunidad alimenta más que una chuleta comida a escondidas, yo creo que eso supone mucho, de que los valores de igualdad están por encima de otra serie de valores que ahora hemos interiorizado». En la mayoría de los casos no había una ideología clara, pero tras constatar que tenían problemas comunes, se difundió la esperanza de un futuro mejor. Esto fue fundamental para actuar colectivamente.

Las obreras de Areitio, por contra, alertaron de las presiones de las familias y la influencia de la educación recibida:

> Alerta contra las presiones que podemos recibir de nuestras propias familias, nos falta mentalidad. La sociedad nos hace pensar con mentalidad de ricos pero nos condena a ser pobres toda la vida. Esta lucha actual, aunque dura y dolorosa, para los trabajadores: nos mentaliza, nos une y nos ayuda a descubrir las explotaciones en que vivimos. Los capitalistas se sirven del Sindicato Oficial que no nos sirve a nosotros y de la policía que nos golpea sin consideración y de la prensa que miente y nos amenaza. Ellos se unen para explotarnos, nosotros unidos para defendernos. Sus leyes son injustas, las hacen ellos para defender sus intereses. No tenemos por qué obedecerlas.

En esta toma de conciencia además de los problemas de las fábricas se puso en duda todo el sistema. Por ejemplo, el papel de la prensa será criticado, ya que, en opinión de los huelguistas de Mevosa, manipulaba las noticias «contribuyendo de esta forma a una lucha psicológica contra el obrero». Del mismo modo, la violencia policial, según afirmaban las CCRR en un panfleto publicado tras la huelga, «demostraba la relación tan directa entre patrón-policía y que les descubría la relación explotación-represión».

De esa manera los trabajadores entendieron que el cambio no vendría desde arriba. Un huelguista, tras la huelga, reflexionó: «Sabemos que ningún derecho nos los van a dar ellos, tenemos que conseguirlo luchando». Además de manifestaciones y piquetes, realizaron otras acciones como el boicot a los cines, bares y otros locales los jueves.

Por su parte, las CCRR vieron que el movimiento obrero estaba consiguiendo la centralidad:

> A lo largo de esta importante huelga, todos los trabajadores alaveses hemos ido aprendiendo lo que es el nuevo movimiento obrero. La fuerza de nuestra clase cuando permanece unida y las posibilidades de la clase mayoritaria de la sociedad en un futuro democrático. Está siendo la clase obrera el centro de la vida alavesa.

Culebras y bolsas vacías

LAS MUJERES TAMBIÉN FUERON protagonistas de la lucha de Gasteiz y se significaron en dos ámbitos. Por un lado, las trabajadoras de Areitio unificaron género y clase. Por otro, las mujeres de los huelguistas se organizaron y fueron fundamentales para la extensión de la lucha.

Aunque las estadísticas muchas veces las escondían, las mujeres también era parte de la clase obrera, pero a pesar de hacer los mismos trabajos, tenían categorías más bajas, y por lo tanto sueldos más bajos. En lo que respecta a Areitio, las mujeres eran mayoría en la fábrica, y en los años anteriores habían protagonizado diferentes luchas. Pronto visibilizarán la brecha salarial; en el acta de una asamblea constataron que:

> La empresa empezó por tener más hombres que mujeres. Ahora somos muchas más las

mujeres. Razón: la mano de obra de la mujer les sale más barata. Esto no deja de ser una explotación. A igual trabajo y rendimiento, el mismo salario, pero vemos que no es así, sino que las diferencias son de 4.000 a 6.000 pesetas.

Esta lucha que estamos teniendo es dura... pero luchamos por algo que es justo y por eso merece la pena. No nos debemos dejar intimidar ni aplastar.

Para comenzar la huelga hicieron la «culebra», es decir, tras superar las presiones de los encargados, desfilaron zigzagueando a través de la fábrica, animando a la gente a que se sumase a la huelga. Poco a poco se dieron cuenta que además de por ser obreras, también eran explotadas por ser mujeres. Esta lección no venía de los libros feministas, sino de la visibilización de la opresión diaria. Aun así, se empoderaron y ante las dudas decidieron resistir. También es reseñable que en la plataforma reivindicativa pidieran: «Guardería (euskera-castellano) hasta preescolar y con horario acorde a las mujeres trabajadoras, con participación de éstas en estructuras de la misma».

Entre los hombres solo una minoría se sumó a la huelga. En opinión de las mujeres de Areitio, «había una gran proporción de "clásicos machistas" que rebajaban a la mujer a un lugar tan servil y desfasado que asombraba». Según Esther Ibarrola, obrera de la fábrica, «a los hombres les compensaba el aumento que les ofrecían, pero a nosotras no nos suponía un aumento suficiente».

En otras empresas también se denunciaron actitudes machistas. Pilar Barrera trabajaba en Forjas, donde las mujeres eran una minoría, y aunque fueran excepciones, en las asambleas tuvo que oír comentarios ofensivos e insultos. Por ejemplo, una vez le mandaron «a casa a hacerle la sopa a su marido», y para ella «era doloroso escuchar esas palabras de quienes estaban en la misma trinchera». Iñaki Martin reconoce que la participación de las mujeres en las asambleas «para muchos hombres era un shock».

Entre las mujeres de Areitio también hubo las que no secundaron la huelga, y por ello se vivieron momentos de tensión, sobre todo en las protestas delante de la fábrica. El incidente más importante se vivió cuando un coche intentó atropellar a las huelguistas, y estas reaccionaron atacando a sus ocupantes. Por este motivo, cinco trabajadoras fueron detenidas, aunque quedarían en libertad provisional tras pagar sus compañeras la fianza.

El prolongamiento de la huelga hizo surgir dudas, que se reflejan muy bien en las actas de las asambleas[9], ya que eran muy claras a la hora de reflejar su estado de ánimo. Cuando algunas mujeres regresaron al trabajo declararon: «Esto ha supuesto para bastantes un golpe a su moral. Por ello se ha recordado que lo que pedimos es justo y que por ello debemos mantenernos unidas y no echar por tierra lo que hemos hecho estos 15 días». En la siguiente asamblea remarcaron que:

> Ellos pretenden cansarnos y confían en conseguirlo quizás porque nos falta madurez pero, sobre todo, porque somos mujeres con todo lo que esto ha significado en nuestra educación y aún hoy día significa. Para que veamos en que concepto nos tienen, ahí tenéis lo que ha dicho uno de la Dirección: «si hubiesen entrado 100, las tendríamos ya a todas porque la materia gris de las mujeres las hace ir tras esas cien chicas».

---

9. Las actas de las asambleas están digitalizadas en la web de la Fundación Sancho el Sabio, de estas han salido muchas de las citas utilizadas en este libro: https://euskalmemoriadigitala.sanchoelsabio.eus/items/762356a1-bcd2-4bb1-e050-64c00c646c10.

   También se pueden consultar en el libro *Informe Vitoria. Una gran experiencia de lucha,* junto a panfletos y comunicados de las CCRR.

> Se ha equivocado la Empresa. Creía que nos iba a dominar más fácilmente. Por eso ahora comienza con amenazas de despido.
>
> Se decide no ir a dialogar con la Empresa. Que esperen. La asamblea se anima.

En Esmaltaciones San Ignacio también las mujeres eran parte importante de la plantilla, y a principios de febrero de 1976, 500 mujeres denunciaron la brecha salarial y salieron a la huelga, coordinándose con el resto de fábricas. Posteriormente volvieron al trabajo, pero siguieron participando en las movilizaciones generales.

En lo referente a las asambleas de mujeres de obreros en huelga, la primera se celebró el 21 de enero. La idea había partido de las CCRR, y a ella muchas acudieron junto a sus maridos. Según se recoge en un informe policial[10], de los 500 asistentes solo 150 eran mujeres. Al principio los hombres tomaron la palabra y luego invitaron a las mujeres a hablar, lo que hicieron algunas, «las que si bien se sumaban al paro de sus maridos, indicaban que sería conveniente darle pronto una solución ya que sino el próximo mes tendrían problemas económicos».

---

10. «Situación laboral en esta capital y propaganda subversiva», 21 de enero de 1976, AA, Subd., 1124, 2.7, 24.

Sin embargo, en las siguientes asambleas las amas de casa tomaron su camino y fueron saliendo nuevas ideas, en opinión de las CCRR:

> Nada más empezar estas Asambleas de Mujeres, se descubrió que la sola acción de apoyo al marido en la lucha era muy pobre y que ellas tenían por delante más tareas que desbordaban con mucho esta lucha. Pronto apareció el problema de barrios, de viviendas, de guarderías y colegios, de Sanidad, de la Seguridad Social, del trabajo de la mujer en la sociedad actual...

En lo referente a la Seguridad Social, resaltaron que un pediatra tenía que atender a cincuenta niños en una misma mañana. Así mismo, constataron que para las hijas de los trabajadores era muy difícil llegar a la universidad, y en lo referente a las guarderías añadieron que: «Si nosotras queremos trabajar [fuera de casa], no podemos hacerlo. ¿Quién se encarga de los niños? Y nuestra economía es demasiado deficiente como para llevarlos a guarderías de pago».

Formaron una comisión y pusieron en marcha una caja de resistencia. Para recaudar dinero pusieron huchas en bares y tiendas, y en las manifestaciones repartieron pegatinas con el lema «Solidaridad Obrera»; junto a ello, Caritas también recaudó dinero en las iglesias y hubo algunas donaciones internacionales. Las estudiantes también recaudaron dinero aprovechando la víspera de Santa Águeda.

Al mismo tiempo se pusieron en contacto con agricultores y tenderas para recolectar alimentos, lo cual fue repartido según las necesidades de las familias. Por otro lado, se reunieron con los directores de los colegios para suspender el pago de las cuotas, lo que consiguieron en la mayoría de los casos. Se llegó a plantear un partido de futbol entre mujeres, pero no hay pruebas de que se llegase a realizar.

Las mujeres de los obreros también tomaron la calle. La primera ocasión fue el 12 de febrero: ese día 1.000 mujeres salieron a la calle con sus cestas de compra vacías, invitando a no comprar. A partir de entonces recorrieron las calles de Gasteiz semanalmente con sus bolsas vacías; partiendo de los barrios, tras atravesar los mercados y las calles principales acababan en las fábricas, para de ese modo echar en cara a los esquiroles su postura. En su opinión, «estas actuaciones fueron muy importantes cara a estos semiobreros, que en ocasiones dejaron de trabajar por verdadera vergüenza». También llegaron a reunirse con el gobernador tras una marcha.

Si bien no renunciaron al rol de «ama de casa», el cual estaba relacionado con la supervivencia familiar, lo subvirtieron. El franquismo había asignado a las mujeres el espacio privado, es decir, la casa; ellas, sin embargo, decidieron tomar la calle, para lo cual no renunciaron a la imagen de la cuidadora del hogar, sino que elevaron al espacio público el trabajo reproductivo. Con esta acción también visibilizaron las consecuencias de la huelga en las economías de las familias.

María Teresa Pontón participó en las asambleas de mujeres y afirma que para ellas era imprescindible ganar la lucha, porque si no «los maridos llegaban cabreados a casa» y acababan «pagándolo con sus esposas». Begoña Oleaga, también participante, está de acuerdo con ella:

> Estábamos convencidas de que había que ganar la huelga, porque [las mujeres de las huelguistas] decían: recordad como vienen a casa los hombres cuando vienen, pues, cabreados, con quien lo pagan, no, lo pagan con nosotras. (...) si la perdemos el día a día se va a convertir en un infierno, a mí eso por ejemplo me impactó mucho.

Las dos, en cambio, vieron una transformación en la conciencia de las mujeres. Según Bego Oleaga:

> ... ibas viendo la transformación (...) de esas mujeres, que de ser unas mujeres miedosas con una baja autoestima, porque nosotras no entendemos, incluso alguna decía yo soy analfabeta (...) se atrevían a salir allí, se subían en público en las asambleas de mujeres, daban clases de economía, de cómo hacer esto para que salga más barata la comida, de cómo limpiar en casa sin comprar productos, es que eran auténticas clases de economía, yo me quedaba alucinada, de verdad (...) y esas mujeres como se fueron transformando en seres valientes, con una autoestima, diciendo nosotras aquí tenemos cosas que decir y las vamos a decir...

En un panfleto sacado tras la huelga, estas recordaron que la represión les ayudó a concienciarse; «En la fábrica de Areitio, donde recibimos los primeros golpes, comprendimos la función que tenía la policía». Además de esto, concluyeron que:

> La doble explotación de que somos objeto las mujeres. Por un lado, la explotación que sufrimos por nuestra condición de mujeres

> en esta sociedad capitalista (...) Siempre consideradas sin capacidad, sin opinión, sin utilidad para trabajos importantes, etc. y por otro lado, la aguda explotación que se da en los barrios, donde día tras día somos víctimas de la carestía de la vida y de las condiciones tan pésimas en que nos vemos obligados a vivir.

En general la lucha de las mujeres fue fundamental para socializar las consecuencias de la huelga y visibilizar los problemas de los barrios. Así consiguieron atraer a sectores más allá del mundo industrial, y ser acicate para los movimientos vecinal y feminista que surgirán los siguientes años.

Alavesismo y propaganda negra

LA LÍNEA EDITORIAL DE LA PRENSA se alineó claramente en contra de las protestas utilizando el mito del *alavesismo*, es decir la supuesta prudencia y falta de pasión de la población alavesa ante la lucha política. Por ejemplo, *Norte Exprés* reivindicaba la sensatez y advertía que «Se esfuma con rapidez la cordura provincial que durante muchos años hemos presumido los alaveses». En el mismo diario el 27 de febrero de 1976 se advertía que «Si queremos un régimen de libertad, aprendamos a emplearla; y si, por el contrario, queremos la violencia, recaerá en perjuicio de todos los alaveses, sin excepción».

Unos días antes el director del diario *Norte Exprés*, Félix Alfaro, afirmó: «Elementos foráneos politizados ajenos a nuestros intereses, han venido a perturbar nuestra vida laboral».

Con esto invitó a los jóvenes a replantear su postura, y en lo relativo a las mujeres, dijo: «De las mujeres no hablo, porque las considero siempre jóvenes». *El Correo* también apeló al talante vitoriano: «A Vitoria no le van las carreras, ni las algaradas, ni las violencias. Todo esto es muy ajeno a su tradicional talante».

La Diputación Foral también jugó la carta del alavesismo para rebajar la tensión, por eso apeló al «tradicional sentido común de los alaveses». Según la institución, «En Álava se ha tenido siempre un sentido práctico de la vida. La cortesía y las buenas maneras han sido una de sus características, que desgraciadamente se van perdiendo». Además de esto, señalaba que «Los alaveses siempre hemos sido profundamente prácticos, alejados de fanatismos y posturas irreconciliables: así hemos podido subsistir y crecer, no podemos estar dispuestos a que se convierta nuestra tierra en banco de pruebas o campo experimental».

Las CCRR también apelaron al alavesismo, pero para contestar a las instituciones:

> Pensamos, frente a lo que Instituciones tan poco representativas como el Ayuntamiento, la Diputación, el Sindicato, por la escasísima sanción popular y democrática con que

> cuentan, dicen, que el movimiento obrero (...) es garantía de una convivencia más justa para todo el pueblo alavés, del que los trabajadores formamos la mayoría, principio de una sociedad más libre y democrática, y garantía, en definitiva, de bienestar y prosperidad para nuestra querida tierra alavesa.

Aparte de la prensa, hubo muchos intentos de ensuciar la lucha obrera, y sobre todo de difundir rumores sobre los miembros de las Comisiones Representativas. En multitud de panfletos se vertían acusaciones contra ellos, especialmente, contra Naves, representante de Mevosa, y su compañera Carmen Landaluce. Se sacaba a la luz el sueldo público de ella, ya que era enfermera, para aducir que: «¿Está claro su interés en prolongar el paro? Únicamente por hacer política, aunque nos jodamos los que tenemos que trabajar para alimentar a la familia y no podemos vivir a cuenta de la mujer». En otro panfleto se le llamaba «cura renegado» y se volvía a apelar al sueldo de su mujer, a la que se llamaba «mujer de vida alegre». Para terminar, también se afirmaba que el PCE le había dado catorce millones de pesetas, algo absurdo ya que ni él tenía relación con el partido, ni el PCE intención de alargar la lucha, sino de encontrar una solución negociada.

En opinión de los obreros de Mevosa, «lo único que se pretendía con dicha octavilla es romper la unión entre los trabajadores». Según Naves, «aquellas imputaciones le potenciaron, pues la importancia de la religión entre los huelguistas hacia ganar en credibilidad a una persona de la que se sabía que era o había sido sacerdote».

En otro panfleto se utilizaba el nombre de la asociación católica HOAC para atacar a las CCRR, concretamente se mencionaba a Etxabe, Paco Lekuona y Naves, y el mensaje era claro: «No permitiremos que nos manejes, ni con falsas promesas, ni con discursos demagógicos, ni con asambleas dirigidas, donde se trata de todo menos del problema concreto laboral. EXIJAMOS QUE SE VAYA AL GRANO».

Aunque no tenemos pruebas claras, parece que las fuerzas policiales estaban detrás de esta campaña de intoxicación. A pesar de esto, no consiguieron su objetivo, y en vez de sembrar discordia entre los trabajadores, reforzaron la unidad.

3 de marzo

LA SEGUNDA HUELGA GENERAL no consiguió paralizar la ciudad, y el desánimo cundió entre los trabajadores. El 1 de marzo en el acta de la asamblea de Mevosa se refleja «la lista de los que han vuelto al trabajo. En un principio, muy baja moral. Derrotismo». En algunas empresas como Aranzabal o Industrias Galycas se llegó a un acuerdo y volvieron al trabajo, pero con la condición de participar en las huelgas generales, para mantener el contacto con el movimiento general.

Las CCRR reflexionaron que era necesario un cambio de estrategia para generalizar el conflicto. En opinión de Carlos Carnicero:

> Sobre la base de la realización de asambleas de barrio y de trabajadores no parados, los dirigentes de la huelga intentaron, con notable éxito, la puesta en relación de la proble-

> mática laboral que se estaba viviendo con el resto de problemas sociales, económicos y políticos existentes en la ciudad.

Los trabajadores que no estaban en huelga realizaron su asamblea el 27 de febrero, reuniendo a 7.000 personas. En esta, tres miembros de las CCRR explicaron la situación, sobre todo el problema de los despedidos. El día siguiente se realizó una asamblea general, entre trabajadores que estaban en huelga y quienes no lo estaban, y al finalizar se realizó una manifestación en la que se repitieron los disturbios.

El 1 de marzo llegó el turno de las asambleas de barrio, en ellas salieron a relucir problemas que iban más allá del mundo fabril, como la suciedad de la campa de Arana o el problema de los humos de Forjas Alavesas que ahogaban Zaramaga. También se realizaron en los barrios de Abetxuko, Adurtza, Txagorritxu, y Ariznabarra. En opinión de la policía en ese momento se produjo «[el] trasvase del movimiento obrero al movimiento popular».

El 2 de marzo las CCRR sacaron un panfleto llamando a la huelga general del siguiente día:

> Ahora estamos comprobando con más crudeza que nunca el mero hecho de pedir 6000

> ptas. implica toda una lucha contra la patronal unida, contra su gobierno que ha decretado la congelación salarial y las instituciones encargadas de su defensa (Sindicato, policía...).

En este se invitaba a diversos sectores (trabajadores, estudiantes, trabajadores de banco, tenderas...), ya que veían necesaria su solidaridad:

> Todo esto, unido a la prolongada lucha que mantenemos hace más urgente que nunca la necesidad de vuestra unión en la lucha con nosotros, la exigencia de vuestra más activa solidaridad para conseguir la anulación de todo tipo de sanciones y la READMISION DE TODOS LOS DESPEDIDOS.

El 3 de marzo desde las primeras horas de la mañana quedó claro el éxito de la huelga, desde las zonas industriales partieron diversas manifestaciones, que fueron juntando obreros y estudiantes; mientras que las mujeres boicoteaban los autobuses, y cerraban los bares y tiendas que estaban abiertos. Según el periódico *Norte Exprés* paró la mitad de la clase obrera gasteiztarra, 13.000 obreros de setenta empresas. Para los huelguistas, en cambio, la cifra llegaba al 80 % de la población laboral.

Asimismo, se produjeron los primeros disturbios. La policía trató de desalojar la asamblea de Mevosa, pero los obreros consiguieron escapar por la puerta de atrás con la ayuda del párroco. Similar situación vivieron las trabajadoras de Areitio en la iglesia de Coronación. Es reseñable que era la primera vez que la policía perseguía asambleas en iglesias. Hasta entonces, a pesar de que los disturbios eran las calles eran constantes, las asambleas habían sido respetadas.

Esa misma mañana la policía también utilizó las armas de fuego contra una manifestación en la Avenida, dejando varias personas heridas de bala. Además, el estudiante Josu Ormaetxea también fue herido de bala, pero en Portal de Legutio. Sin embargo, la violencia policial no era capaz de amilanar a los manifestantes. Según relataron los testigos: «La gente estaba lanzada y no se echaban atrás. Cuanto más fuerte le pegaba la policía, respondían más y con más piedras». Tras la agitada mañana, al mediodía llegó la calma, pero la calle se mantuvo ocupada por barricadas. Según la versión policial, los agentes se vieron superados, y tuvieron que hacer uso de las armas de fuego desde la mañana.

Tras la calma llegó la tormenta; para las cinco estaba convocada una asamblea general en la iglesia de San Francisco, y las CCRR se reunieron antes para prepararla, pero cuando llegaron a Zaramaga todo estaba tomado por la policía. Para entonces la iglesia estaba repleta y cientos de personas se encontraban en los alrededores. Además, habían llegado los refuerzos policiales, concretamente las Compañías de Reserva de Miranda de Ebro y Valladolid.

La policía ordenó a las presentes desalojar la iglesia, pero estas no hicieron caso. El sacerdote Antonio Quilchano vio el panorama e intentó dialogar con el responsable policial. Tras recibir insultos por parte de los agentes, escuchó: «Déjenos usar las metralletas porque con las porras no se puede hacer nada». El responsable le enseñó la orden de desalojo firmada por el gobernador. Tras esto, entró a la iglesia y les comentó a los curas lo sucedido; posteriormente les dijo a los policías que dentro la tranquilidad era absoluta.

La situación pronto se descontroló cuando la policía gaseó la iglesia con botes de humo y el ambiente se volvió irrespirable. Las personas que estaban dentro trataron de salir, pero fueron recibidas con tiros. Como recuerda José Antonio Abasolo, «vi a un policía disparando con arma de fuego, es decir con pistola, disparando directamente en sentido y en dirección horizontal a la masa que estaba poco más o menos situada, diríamos, donde hoy está el monumento que se ha hecho a los muertos del 3 de marzo». A esto añade:

> Hubo escenas de auténtico pánico de gente que no podía respirar, etcétera. Pero con la dificultad o bueno, la amenaza de que al salir les esperaban las fuerzas de orden público, pues que donde a golpes, etcétera, pues tenía una situación realmente complicada y trágica para la gente que allí estaba, no.

El testimonio de Guillermo González también muestra el dramatismo de la situación: «Ellos tiraban desde afuera. Y se arma la de Dios, había mujeres, los más fuertes pasábamos por encima de los más débiles, yo tengo la conciencia de haber pisado gente, eso es lo más duro que recuerdo». Cuando llegó al exterior:

> Salió una chica (...) y le pegaron... pero tremendo... A mí me dieron en la nuca, pero como salí corriendo fueron sólo unos porrazos. Al que se caía lo molían. Y con un grupo de gente que logramos escapar, por la rabia, no sé por qué, empezamos a tirarles piedras, éramos unos veinte, desde una pared que había, y ahí se cansaron, dejaron de tirar tiros al aire y empezaron a matarnos... Así de

> simple. Y vi caer mis compañeros cerca, al lado... A mí, cuando me di cuenta que estaban tirando, ya me habían dado.

La iglesia y el entorno rápidamente se convirtieron en un infierno, y algunas vecinas abrieron los portales a quienes huían.

Las grabaciones de las conversaciones policiales muestran la gravedad de lo sucedido. Antes de entrar en la iglesia un policía le explicaba a su superior que «parece que en los alrededores de San Francisco hay aún mucha gente, ¿qué hacemos?», y la respuesta fue «Si hay gente, a por ellos». Entonces pidió el permiso para entrar en la iglesia: «Recaba la autorización esa, porque seguramente ahora se nos esconderán sin tirarnos nada». Tras esto se escucha «si nos marchamos de aquí se van a escapar de la iglesia» y «He mandado a J-3 al Gobierno a por los papeles». Las siguientes palabras fueron estas: «En la puerta de la iglesia está la orden de desalojo. Si tú estás en condiciones, acércate y desalojáis la iglesia primero». Después añadió: «en cuanto esté, desalojen a palos». Ante la resistencia de los congregados se advierte: «vamos a tener que emplear las armas» y el superior no rechaza la idea, sino que la orden es clara: «Gasead la iglesia».

Después de unos minutos un policía reconoce que «esto es una batalla campal (...) hemos tirado más de 2.000 tiros». Un superior le preguntó por la situación, y tras confirmarle que no había policías heridos, esta fue su respuesta: «Te puedes imaginar; después de tirar igual mil, mil tiros, pues y romper toda la iglesia de San Francisco, pues ya me contarás cómo está toda la calle y está todo». Este le respondió: «¡Muchas gracias, eh! ¡Buen servicio!». Para terminar un policía alertó de la gravedad de la situación: «Dile a Salinas que hemos contribuido a la paliza más grande de la historia». Otro concluyó: «Aquí ha habido una masacre».

Sobre el desalojo de la iglesia continúa habiendo muchas dudas, ya que, según el Concordato, firmado entre el régimen franquista y el Vaticano, la policía no podía entrar en las iglesias «sin el consentimiento de la competente Autoridad eclesiástica», salvo en casos de máxima urgencia. Por esto la actitud del obispo ha estado en duda. El 5 de marzo el Obispado sacó una nota para expresar que «en ningún momento se autorizó desalojar el templo de San Francisco. Fue una decisión tomada por la autoridad gubernativa, amparada en el Concordato, que fue comunicada al Obispado y éste se apresuró a transmitirla a los señores párrocos afectados».

Según el jefe de la policía, Jesús Quintana Saracibar, el obispo no tuvo relación con el desalojo, y la orden vino del gobernador tras informarle la policía secreta: «que viene gente con barras de hierro, palos, piedras en bolsas y ladrillos». Esta versión no es demasiado creíble, y parece que busca blanquear su papel.

A pesar de esto, el Ministerio de Gobernación había previsto estas situaciones, ya que las iglesias se habían convertido en un importante punto de encuentro en el que realizar asambleas o encierros. Por ello a comienzos de año el ministerio mandó una circular[11] a las delegaciones territoriales en las que se daban instrucciones para desalojar iglesias. En ella se planteaba: «El desalojo debe ser precedido de una comunicación al Párroco (...) haciendo uso de la razón de urgencia que recoge el Concordato. Puede ser consecuente establecer contactos verbales con el Obispado, pero este deja al buen juicio del Gobernador Civil». Parecía más dirigida a evitar encierros que asambleas, pero abría la puerta al desalojo sin el beneplácito de la autoridad eclesiástica.

---

11. MINISTERIO DE GOBERNACIÓN, «Directrices para los casos de encierros en iglesias o centros de carácter público», 6 de enero de 1976, AA, Subd., 1099, 3, 64.

Tras la matanza, el 18 de marzo, el ministerio envió una nueva circular[12] a los gobernadores, esta vez más concreta, donde se citaban las asambleas y se decía que para utilizar la excusa de máxima urgencia era necesario desalojar lo más pronto posible. Parece claro que el gobernador dio la orden de desalojo, pero es difícil creer que lo hiciera sin la autorización del Gobierno.

Como resultado de la violencia policial tres personas murieron ese día: Pedro María Martínez Ocio, el único nacido en Gasteiz, tenía 27 años, trabajaba en Forjas y se había implicado desde el principio en la huelga. Romualdo Barroso había nacido en Brozas (Cáceres), se crio en Errekaleor y solo tenía diecinueve años, pero era muy activo en la vida de su barrio. Francisco Aznar era estudiante y trabajaba en una panadería, tenía diecisiete años, y aunque de padres andaluces, había nacido en Asturias. A consecuencia de las heridas dos personas más fallecieron los siguientes días: José Castillo, nacido en Salamanca, tenía 32 años y dos hijos; cuando bajó a mover su coche una bala le atravesó el hígado, y murió cuatro días después. El

---

12. MINISTERIO DE GOBERNACIÓN, «Circular núm. 13/1976», 18 de marzo de 1976, AA, Subd., 1099, 3, 46.

mismo tiro, y otros dos más, herirían a su vecino Bienvenido Pereda, que había nacido en un pueblo de Burgos, tenía 32 años y un hijo, y tras agonizar moriría el 5 de abril en el hospital.

Además de estos, hubo centenares de heridos, muchos de bala. Mucha gente se acercó a los hospitales a donar sangre, pero en las puertas del hospital Santiago también cargó la policía con gas lacrimógeno. Tras la matanza se mantuvo la tensión en las calles de Gasteiz, como se refleja en el anteriormente citado informe de UGT:

> Hicimos una manifestación por todas partes diciendo de (sic) obreros habían muerto (...), la gente estaba llorando en las ventanas, y fue a partir de ese momento cuando se desató una violencia mucho mayor, y yo no diría que ciega, no controlada pero si sabiendo a dónde iba dirigida, porque todas las lunas que se rompieron eran de las Cajas de Ahorros (...) y eran de los Bancos.

Sobre las nueve de la noche se produjo un atentado contra la comisaria, se lanzó una granada que hirió a un policía. Según el Gobierno Civil[13]

---

13. «Memoria de los acontecimientos que dieron lugar a los luctuosos sucesos del pasado 3 de marzo en Vitoria, desde su ini-

esta era la imagen de la ciudad: «Después de una jornada violenta como la descrita, la ciudad ofrecía un aspecto lamentable y desolador: barricadas, rotura de señales de circulación, derribo de farolas de alumbrado público, demolición de cabinas telefónicas, rotura de lunas de escaparates, bancos, etc.». La misma fuente afirma que ese día se produjeron nueve detenciones y otras 22 los siguientes días. La policía apareció en las casas de los miembros de las CCRR, pero la mayoría pasó la noche en otros lugares. Los detenidos denunciaron malos tratos, algunos llegaron a perder hasta la consciencia, y a una la obligaron a chupar la sangre del policía herido.

Esa noche las CCRR sacaron un manifiesto en el que pedían la dimisión del gobernador, el comisario, el alcalde y el presidente de la Diputación, a la vez que la disolución de los cuerpos represivos y un «juicio popular a los asesinos de los obreros muertos». Por estos motivos convocaban una huelga general indefinida. Junto a la iglesia escribieron la palabra «Justicia» con sangre, también pusieron una cruz con velas, y recaudaron dinero. Pero al día

---

cio hasta que se restableció la normalidad tras los mismos», AA, Subd., 983.1.2.

siguiente la policía destrozó el recordatorio y se llevó el dinero.

El 4 de marzo hubo algunos disturbios, pero el duelo era manifiesto y la situación de la ciudad, catastrófica. Gasteiz estaba totalmente paralizada y la policía controlaba todos los movimientos. También hubo algunos heridos, como Andoni Txasko, que perdió un ojo por la paliza que le dieron los policías. Ante la presencia policial se escucharon pitos desde los balcones de Zaramaga, que fueron respondidos con disparos.

Los periodistas Mariano Guindal y Juan H. Giménez se acercaron a Gasteiz, y reflejaron su experiencia en *El libro negro de Vitoria*: «Lo más notorio de la ciudad es el ominoso silencio de sus calles. Una soledad insólita recibe al pasajero», escribieron. Hicieron varias entrevistas, entre ellas, a un técnico de Mevosa, que les respondió: «Yo nunca he visto violencia cuando la policía no ha intervenido». Tras las entrevistas los periodistas constataron: «Empezamos a entender que a alguna gente le pueda llegar a doler España».

Versión oficial

EL GOBIERNO CIVIL sacó una nota para dejar en manos de los manifestantes la responsabilidad sobre lo ocurrido y afirmar que la policía se vio obligada a defenderse. En la nota ni siquiera se mencionaba el desalojo de la iglesia, su versión era la siguiente:

> Las fuerzas de orden público han hecho uso de todas las medidas disuasorias para reducir y disolver a los manifestantes sirviéndose para ello de la utilización de botes de humo, gases lacrimógenos y balas de goma. En varias ocasiones esta actitud represiva resultó insuficiente dada la crudeza de los ataques de que eran objeto los agentes de la autoridad por lo que se vieron obligados a efectuar disparos al aire. Como los grupos tumultuarios persistieron en su hostilidad, acorralando sucesivas veces a algunos agentes de las fuerzas del orden, éstos se vieron obligados a defenderse con otros disparos.

Acababa con una advertencia: «no consentirá ninguna nueva perturbación del orden». El Gobierno también publicó una nota en la que defendía: «La actuación de las fuerzas del orden público ha estado dirigida a proteger el ejercicio de las libertades individuales y a responder ante situaciones de coacción o violencia física». De nuevo afirmaba que la policía se había visto obligada a usar sus armas y que los incidentes «son claro exponente del ambiente de subversión y violencia en que han tenido que desenvolverse las fuerzas del orden público». El Gobierno, a pesar de lamentar las muertes, subrayaba que el mantenimiento del orden público era su prioridad, y advertía que volvería a actuar de la misma manera.

Mucho más claro fue el ministro Manuel Fraga: «La responsabilidad de las recientes muertes de Vitoria la tienen los que quieren imponer por la fuerza el cambio político. En este caso el gobierno es inocente y la policía ha mostrado durante meses una enorme paciencia». El 6 de marzo Fraga se acercó a Gasteiz junto a Martín Villa, ministro de Relaciones Sindicales. Tras reunirse con las autoridades, visitaron a los heridos, lo que produjo irritación entre los familiares, uno de los cuales les preguntó: «¿qué vienen ustedes, a rematarlos?», mientras que otro les dijo: «No habrá paz mientras no haya justicia». Posteriormente, Fraga hizo las siguientes declaraciones ante la prensa:

> La responsabilidad de los que siguen echando la gente a la calle, con mensajes de uno u otro tipo, les corresponde íntegra en cuanto a los resultados trágicos como los que hemos vivido en Vitoria. Que este triste ejemplo sirva de gran lección para todo el país en los próximos meses.

A esto añadía: «Que no es posible aceptar planteamientos anarquistas o utópicos, en momentos como este, es absolutamente indudable. Que el país no los va a tolerar y que el Gobierno nos los puede aceptar es evidente también». Fraga dejó claro que el proceso de cambio se controlaba desde arriba, y no estaba dispuesto a permitir alternativas desde abajo. Por si acaso, sacaba a relucir la memoria de la Guerra Civil a modo de amenaza: «Quiero recordar que hace cuarenta años los españoles tuvimos medio millón de muertos en uno de los momentos más trágicos de nuestra historia».

La prensa alavesa se alineó con la versión oficial. La editorial de *El Correo* señalaba que una minoría subversiva estaba obstaculizando el camino de la democracia: «este país, arrancando de un dilatado período de paz, de prosperidad económica y de avances sociales, es capaz por sí mismo, de llegar a una democracia española, perfectamente homologable con cualquiera de las democracias al uso en el mundo occidental». El periódico no hacía más que subrayar los tópicos de los últimos años del franquismo. Con ello criticaba que «hay sectores específicos a quienes, más que el cambio interesa la ruptura total», y «una minoría revolucionaria que sabe a dónde va y lo que quiere, es capaz de imponer sus criterios y de arrastrar a acciones tremendistas una mayoría sensata». Toda la responsabilidad era de ellos, mientras que los policías «se ven obligados a emplear los últimos recursos para su defensa propia y la defensa de la sociedad». Para terminar, afirmaba que cualquier vía era necesaria para terminar con la subversión, incluido el autoritarismo.

En los diarios de tirada estatal también se mantuvo la versión oficial; por ejemplo, la crónica de *ABC* señalaba: «Barricadas en las calles, "cocteles molotov" contra los guardias. El terror se adueñó ayer de las calles de la capital alavesa. (...) En Vitoria se ha ensayado la destrucción del Estado, la de la sociedad, del país también».

Sin embargo, la versión oficial no era nada creíble y la Asociación de Prensa de Vitoria denunció que relato de los hechos se realizó a través de las fuentes oficiales, «incurriendo en omisiones esenciales y en una presentación parcial de los sucesos».

Las instituciones alavesas fueron críticas con la actuación policial. Desde la Diputación se mostraron «profundamente disgustados por la actuación gubernamental», por eso pedían explicaciones al Gobierno. El Ayuntamiento también mostró «la disconformidad de la Corporación por la actuación gubernativa en nuestra Ciudad durante los dos últimos meses».

Para terminar, en un informe policial[14] realizado en julio se mantenía la versión oficial. Según este, los trabajadores utilizaron «instrumentos agresivos de capacidad letal, como bombas, cócteles, machetes, etc.». Por lo cual, «Las muertes fueron producidas como consecuencia de situaciones de máximo peligro para la vida de los agentes». Solo reconocían un error: «cabe imputar el que se ejercitara la

14. COMISARÍA GENERAL DE INVESTIGACIÓN SOCIAL, «Boletín informativo nº 26 de 6 de julio de 1976», Archivo Histórico Nacional, Fondos Contemporáneos. http://www.martxoak3.org/wp-content/uploads/2008/01/informedg.pdf

acción de desalojo con un contingente inferior al que la situación ambiental y antecedentes conflictivos habían hecho necesarios». Sin embargo, el Instituto Valentín de Foronda en 2004 determinó que:

> Nunca apareció casquillo, cartucho, ni arma de fuego alguna, arma blanca u objeto incendiario procedente de los concentrados. Nunca fue presentada prueba alguna del uso de este material por parte de los trabajadores, ni se incluye en ninguno de los informes de esos días.

Funeral y huelga general

EL 5 DE MARZO se celebró el funeral en la catedral nueva y, según un informe del Gobierno Civil, la afluencia fue «gigantesca». El obispo condujo la ceremonia, pero muchas voces se alzaron en su contra, dado que no estaba claro su papel ante el desalojo, y este censuró algunos párrafos de la homilía. Entonces el hermano de Martínez Ocio se dirigió a los asistentes: «Tenemos que demostrar lo que es la clase obrera. Que no se desmadre nadie».

Además del obispo, 120 sacerdotes estaban presentes y el sermón corrió a cargo del párroco de San Francisco, que criticó la actuación policial: «Resulta difícil aprobar el hecho de que la Fuerza Pública penetre violentamente en uno de nuestros templos para disgregar la reunión que en él se celebraba». Aparte de calificarlo como una auténtica profanación, añadió que «No es lícito matar así».

La celebración terminó con la intervención de Naves, el cual comenzó explicando: «muchos hemos venido aquí para orar. Pero también muchos hemos venido aquí porque es el único medio que tenemos para reunirnos». A lo que sumó que «estos muertos son nuestros; son de todo el pueblo de Vitoria» y «los únicos responsables de este atropello son ese puñado de patronos y las autoridades que han cumplido órdenes de ellos mismos». Por todo ello pidió un juicio popular. Además de subrayar que había que continuar con la huelga, se adhirió a la huelga general convocada en Euskal Herria. Para terminar, resaltó: «Para nosotros es un momento triste, estamos desgarrados por estas muertes. Pero al mismo tiempo sentimos la satisfacción de que la entrega de sus vidas ha sido al servicio del pueblo trabajador».

Tras el funeral la multitud llevó los féretros hasta los cementerios. El recorrido, sin ninguna duda, se convirtió en la mayor manifestación vivida en Gasteiz. Según recoge *El Correo*, «Todo Vitoria tomó parte ayer en una impresionante manifestación de duelo». La policía controló el recorrido, pero no lo obstaculizó. Al pasar delante del Gobierno Civil se vivieron momentos de tensión, pero la marcha siguió adelante. Predominó el silencio, pero se oyeron gritos contra la policía, y también otros como «Gloria a los muertos del mundo del trabajo», «El pueblo unido jamás será vencido» o «Justicia». Simbólicamente la masa obrera hizo el símbolo de la victoria con las manos, y en la entrada del cementerio de Santa Isabel fueron despedidos con el *Agur Jaunak*.

El recuerdo de Iñaki Martin es bastante distinto. Estaba detenido con Alberto Lahidalga, y los subieron a una sala para que escuchasen los gritos de los manifestantes. Entonces vivieron momentos de terror, porque les apuntaron con sus armas y les dijeron: «Como entren aquí vosotros caéis los primeros». Posteriormente sacaron un comunicado en el que denunciaban lo sufrido: «Los malos tratos consistieron en insultos, amenazas de todo tipo, vejaciones, interrogatorios de rodillas, arrancones de pelo, patadas y palizas».

Por otro lado, las secciones vascas de distintas organizaciones de izquierda (PSOE, PTE, PCE, ORT, MCE y LCR-ETA VI) publicaron un comunicado conjunto. En el señalaban que «Conscientes de la urgente necesidad de lograr la máxima unidad posible en estos momentos de lucha contra la dictadura (...) manifestamos la necesidad de generalizar la oleada de protesta que ha comenzado en toda Euskadi». Por eso, convocaban una huelga general para el día 8. La Comisión Representativa de Fábricas en Lucha añadió: «El lunes, todo el País Vasco debe quedar paralizado por la Huelga General. Es nuestra mejor forma de duelo con nuestros compañeros muertos y de expresar nuestra repulsa por tales asesinatos».

El 8 se llevó a cabo la huelga general en Hego Euskal Herria, y en Gasteiz además coincidió con el funeral de José Castillo, fallecido el día anterior. Ese día Naves leyó un escrito en nombre de las CCRR, en el que se remarcaba que los huelguistas habían llevado a cabo una lucha no violenta pero esta había chocado con la falta de derechos, al tiempo que rechazó la represión contra los representantes obreros y pidió la readmisión de los despedidos: «La huelga y las distintas acciones obreras a las que hemos asistido no son obra de cuatro agitadores, sino de todo un pueblo que pide libertad», añadió.

La huelga fue exitosa en todo el territorio vasco, miles de personas tomaron las calles, y se produjeron múltiples disturbios. Por ejemplo, en Basauri los trabajadores trataron de realizar una asamblea, pero fue impedida por la Guardia Civil. Tras esto aumentó la tensión, y alrededor del mediodía cinco agentes se bajaron de un jeep y tirotearon a la multitud, asesinando al joven Vicente Antón, de dieciocho años.

Según informaciones policiales, el 90 % de los trabajadores de Bizkaia y Gipuzkoa se unieron a la huelga, y el seguimiento en Nafarroa también fue amplio. En cuanto a las cifras de Araba, en Gasteiz pararon 20.000 personas, en Laudio, 7.000, y en otros pueblos también hubo paros, entre otros, Legutio, Amurrio, Agurain y Aiara. En Laudio desde el 4 de marzo se realizaron paros en fábricas y centros de estudio, al tiempo que 800 personas se reunieron en asamblea en la iglesia de San Pedro. Del mismo modo, se recaudó dinero para ayudar a las familias de los asesinados.

A lo largo del Estado también se produjeron múltiples paros y movilizaciones. Un ejemplo es lo ocurrido en Tarragona, donde, tras una asamblea, partió una manifestación con miles de personas hacia el centro de la ciudad. Sin embargo, la policía cargó y un obrero, Gabriel Rodrigo, murió al caer de una azotea cuando huía de esta.

La vuelta al trabajo

TRAS LA MASACRE, la intención de las Comisiones Representativas era generalizar la lucha, por eso publicaron un panfleto llamando a la huelga general indefinida. Sin embargo, debido a que el Gobierno prohibió cualquier reunión o asamblea, tuvieron que aceptar que era difícil continuar con la huelga.

El problema de Forjas se resolvió gracias a la mediación del juez Juan Bautista Pardo, que a través de un laudo dejó sin efecto los despidos para mantener la paz social. En el resto de las empresas también se readmitieron a los despedidos. Por otro parte, después de las detenciones de Iñaki Martin y Alberto Lahidalga, Jesús Fernández Naves, Imanol Olabarria, Emilio Alonso y Juanjo San Sebastián fueron arrestados los siguientes días. Todos pasaron por el Tribunal de Orden Público (TOP), y a Olabarria y Naves los acusaron de sedición. Otros representantes pasaron a la clandestinidad.

Las CCRR tuvieron que reconocer que la lucha obrera se encontraba «momentáneamente desarticulada», y que era imposible conseguir la libertad de los despedidos a corto plazo. En esta situación decidieron convocar asambleas en las fábricas para negociar la vuelta. Para entonces las empresas comenzaron a reunirse con las CCRR.

El 14 de marzo en distintas iglesias se leyó un largo comunicado de las CCRR en el que se planteaba: «La lucha ha sido larga y la lucha, podemos decirlo bien alto, ha sido VICTORIOSA, consiguiendo parte importante de las reivindicaciones. Hemos conseguido la readmisión de los despedidos». Además de esto, resaltaban que:

> Todos los trabajadores alaveses (...) hemos fortalecido nuestra unidad, hemos esclarecido nuestra relación con el resto de los sectores sociales, hemos descubierto la necesidad y la potencia de la unión de todos los oprimidos y explotados y la capacidad de dirigir la ofensiva que todo el pueblo vasco y del estado español libra en estos momentos por la libertad...

En lo referente al Gobierno, afirmaban: «La ambigua actitud del gobierno, amenazas, tolerancias represión, termina al fin en esto: cuatro muertos». Además, remarcaron el papel de la estructura asamblearia:

> … los trabajadores hemos puesto en pie una compleja y a la vez simple, organización para defender nuestros intereses: la Asamblea (…) y las COMISIONES REPRESENTATIVAS como expresión de estas asambleas, su coordinación, su capacidad para orientar y dirigir, en momentos de necesidad, la acción, para sugerir propuestas.

Con esta capacidad conseguida, apostaron por mantener las formas de organización:

> Solo con ellas podemos afrontar con garantías de éxito las tareas pendientes. Es el nuevo movimiento obrero que surge pujante. Todo este entramado pone en cuestión y en crisis de muerte el sindicato fascista (…) y reclama a gritos la libertad de asociación, de reunión, de expresión, de manifestación.

El movimiento obrero junto a otros sectores, afirmaban, «está destruyendo la dictadura y (…) nos hace vislumbrar un futuro esperanzador». A pesar de lo cual, debido a la represión y el cansancio, era el momento de aprender de la experiencia, y «organizar el repliegue ordenado, unidos, firmes, con la disposición combativa que la gran lucha librada nos augura». En definitiva, «Es la mejor forma en estos momentos de recomponer las fuerzas para avanzar en la defensa de nuestros intereses con pasos sólidos, irreversibles, hacia una sociedad más justa».

El 15 de marzo se realizaron asambleas para explicar lo conseguido en las negociaciones: junto a la readmisión de los detenidos y mantener el puesto de trabajo a los encarcelados, el reconocimiento de las Comisiones Representativas y el derecho a hacer asambleas. En Areitio se realizó un día después, ya que ese día era el funeral del padre de una compañera, «muerto al parecer de las impresiones recibidas al conocer la detención de su hija».

En lo referente a las peticiones económicas, se consiguieron subidas lineales, aunque en muchas ocasiones no llegaban a las 5.000 pesetas. En opinión de las CCRR, «La conciencia desarrollada en los días de la huelga, ha valido para que los obreros no entremos derrotados en nuestras fábricas». De hecho, superaron la congelación salarial y rebasaron al Sindicato.

En Forjas hicieron balance de la lucha remarcando: «hemos entendido lo que es ser OBRERO y ser EXPLOTADO». Para empezar, recordaron el debate sobre la legalidad:

> Compañeros, recordemos cómo en los primeros días hacíamos problema de la legalidad-ilegalidad, recordemos cómo aquella mentalidad patronal que teníamos de que sí la huelga era o no legal, de si la ASAMBLEA era o no legal, lo hemos ido superando ampliamente, hemos ido rompiendo poco a poco esas ideas que teníamos dentro de nosotros y que eran nuestras.

Por ello concluyeron que, gracias a la lucha, «Los obreros de Forjas ya no somos los de antes, somos nuevos, ya nos hemos quitado el vendaje y no nos lo volveremos a poner». Junto a esto, añadieron: «Hemos conseguido cambiar la fachada de Vitoria, del pueblo de Vitoria, que queda reflejado en las innumerables ASAMBLEAS que hemos realizado». Así señalaron que había nacido una nueva Gasteiz y a la imagen tradicional de la ciudad se estaba desmoronando.

Pero también hicieron autocrítica: «el peso de lo que se ha venido haciendo, ha estado en manos de unos pocos, llegando a posiciones lideristas por parte de algunos y falta de participación por parte de otros». Además de esto pusieron en duda el papel de la prensa, el Sindicato, y la policía, ya que eran «reflejo de una sociedad gobernada sobre las bases de la explotación, de una Injusticia y de terror. Reflejo de una sociedad que está en manos de una minoría que tiene el capital, las leyes y las armas».

La lección era: «No debemos someternos a la disciplina de nuestros explotadores, sino que cuando creamos oportuno, impongamos nuestras FORMAS DE LUCHA». Para terminar, admitieron que volvieron al trabajo bajo la presión de las armas y la imposibilidad de realizar asambleas fuera de las fábricas.

A partir de entonces, hubo algunos problemas en las fábricas, especialmente con los trabajadores que no secundaron la huelga. En general se terminó con la obediencia ciega hacia los superiores. Una anécdota sucedida en Forjas es bastante reveladora: en el tejado apareció un muñeco simbolizando un esquirol, y un encargado le mandó a un obrero retirarlo, pero este se negó, respondiéndole: «Se acuerda Usted de las palabras que dijo el Señor Urbieta en el polideportivo que nosotros nos dedicamos a fabricar acero; de manera que yo he venido a fabricar aceros especiales, no a descolgar esquiroles del techo».

En el resto de empresas también hubo tensiones, por ejemplo, en Mevosa se dio el caso de «parar secciones enteras por la presencia de un esquirol». Aparte de esto, se dejó de hacer horas extras y se rechazaron las primas hasta que se consiguiera la libertad de los detenidos. Iñaki Martin, tras tres meses en prisión, volvió a la fábrica, y recuerda que las cosas estaban «muy tensas», «pero había un poder obrero, que la gente era los que mandaban casi en la fábrica».

En Apellaniz un trabajador reconoció que:

> Se entró a trabajar porque comprendíamos que la gente estaba cansada, que la huelga había sido un poco larga, que habíamos topado con el gobierno, con la dictadura, y que ya era un problema de derrocamiento de la dictadura. Esto sólo Vitoria no lo podía conseguir.

A pesar de esto, «la gente entró con moral, diciendo que entrábamos ni vencidos, ni convencidos».

Las obreras de Areitio reconocieron que fue más dura la vuelta al trabajo que la huelga. Salieron a relucir las desconfianzas acumuladas durante esta, y pronto comenzaron los problemas con los esquiroles. Por otro lado, constataron que había bajado la asistencia a las asambleas, «quizás porque allí se dan posturas muy contrarias en la forma de llevar la lucha, y al no tener una formación política adecuada, nos llegan a veces a confundir».

La clase obrera alavesa en escasos dos meses había conseguido la centralidad política, pero tras la huelga salieron a la luz sentimientos contradictorios: por un lado, habían conocido la represión más salvaje, por otro, la conciencia de clase estaba más fuerte que nunca.

En los siguientes meses hubo paros en las empresas para exigir la libertad de los trabajadores presos, y consiguieron mantener el sueldo de los presos y de los que habían pasado a la clandestinidad, para evitar ser detenidos. Durante todo el año las señales de duelo se mantuvieron, en concreto se suspendieron las fiestas de todos los barrios. Sin embargo, el Ayuntamiento decidió mantener las fiestas de la Virgen Blanca, pero estas fueron atípicas, ya que las cuadrillas de blusas se negaron salir, y el entonces Celedón José Luis Isasi también. Finalmente, estas se desarrollaron entre enfrentamientos: con la bajada del Celedón unos 500 jóvenes tomaron la plaza con ikurriñas y gritos a favor de la amnistía; tras esto realizaron una kalejira y el joven Mikel Elorriaga fue detenido por sustituir una bandera española por una ikurriña. La tensión se mantendría hasta el final de las fiestas, con manifestaciones prohibidas y enfrentamientos entre jóvenes y policía. En ese contexto, el 6 de agosto fueron liberados los últimos presos relacionados con la huelga, Naves, Olabarria y San Sebastián. La multitud los recibió en la estación y los quiso llevar hasta Zaramaga, lo que fue impedido por las cargas policiales.

Balance de la lucha

TRAS LAS PROTESTAS, las CCRR hicieron un balance de lo sucedido. En su opinión, a principios de marzo el problema ya no era salarial sino de poder: «el poder obrero frente al poder burgués». En general estas fueron sus conclusiones:

> Toda esta exposición de los diversos métodos de lucha aplicados (...) son la clara demostración de la posibilidad por parte de la c.o. [Clase Obrera] y del pueblo trabajador, de desarrollar su propia organización independiente de un modo directamente democrático, que en muy poco tiempo se ha convertido en dirigente del conjunto de las luchas de Vitoria, lo cual ha llevado a adoptar medidas extremadamente violentas a la Patronal y el Estado.

La dirección de la lucha quedó en las CCRR, para evitar «desmadres» y:

> ... se planteó que todo aquel que no delegaba una representación de las fábricas en lucha y sectores, no podría cumplir ninguna función de dirección. Con este plan no se excluía a nadie, cualquier elemento de cualquier grupo político, podía dirigir la lucha si su frente o fábrica lo había elegido como representante, por considerarlo combativo; y todo grupo político podía dirigir siempre que sus planteamientos fueran aceptados por la Asamblea y asimilados por la clase.

Además de esto, subrayaron que: «En todo momento se ha evitado la división entre la lucha política y lucha económica». Las reivindicaciones económicas sirvieron para atraer a la clase obrera, pero la tendencia política se visibilizó gracias al modelo organizativo, la petición de subidas lineales, el rechazo del sindicalismo vertical o la coordinación entre fábricas. Además, con el desarrollo de la lucha, pasaron a primer plano la libertad de los detenidos y la readmisión de los despedidos. En un informe realizado por el Gobierno Civil[15] se remarcaba

15. «Memoria de los acontecimientos que dieron lugar a los luctuosos sucesos del pasado 3 de marzo en Vitoria, desde su inicio hasta que se restableció la normalidad tras los mismos», AA, Subd., 983.1.2.

que: «Aun girando alrededor de reivindicaciones laborales, el problema queda politizado desde el principio, dirigiéndose a quitar prestigio a la Autoridad y cauces sindicales».

El modelo asambleario fue fundamental para extender la lucha, mantener la coordinación y concebir la existencia de una alternativa. En dos meses mucha gente se empoderó: partiendo de las humillaciones sufridas en las factorías, salieron a relucir los problemas de los barrios, y se puso en solfa el papel de las instituciones, la prensa o la policía. Además de esto, las asambleas se convirtieron en lugares para compartir deseos e inquietudes, y así, se dieron cuenta de que para conseguir la victoria era necesaria la unidad. Ser obrero se había convertido en muestra de orgullo, para muchos la clase obrera era el sujeto revolucionario del futuro. Por tanto, además de conseguir mejoras, se estaba imaginando un mundo nuevo.

Al comienzo de 1976 hubo un enfrentamiento directo entre la clase obrera gasteiztarra y el primer Gobierno posterior a Franco. De este modo, se escenificó el choque entre la democracia directa que estaban poniendo en práctica y la democracia restringida que pretendía imponer el Gobierno de Arias Navarro.

Comparando la huelga de Gasteiz y otras que se realizaron a principios de 1976, se ve que el Gobierno en un principio tuvo cierta actitud tolerante, pero cuando las luchas se prolongaban y radicalizaban afinó la maquinaria represiva. A comienzos de febrero vio cómo algunas luchas se les escapaban de las manos y las quiso reconducir a cualquier precio. El caso de Gasteiz fue extremo, y el Gobierno, tras perder la esperanza de encauzar la huelga, aplicó la represión más dura. Según se recoge en el informe policial antes mencionado:

> Aquel no fue un episodio causal ni suscitado por los imponderables. Obedeció a una actitud preconcebida del sector subversivo de extrema izquierda que, en utilización oportunista de una situación laboral-conflictiva demasiado prolongada y enrarecida, quiso provocar un ensayo de levantamiento insurreccional que, sobre determinar la represión sangrienta y el consiguiente deterioro de la imagen reformista gubernamental, supusiera el punto de arranque desencadenador de la Huelga General Revolucionaria a escala nacional.
>
> El 3 de marzo de Vitoria, día de Huelga General, convocada por la subversión, no puede pasar como suceso luctuoso más o como una provocación añadida a la lista de

> actos dirigidos a liquidar el Estado de derecho constituido.

Sin duda alguna, la lucha de Gasteiz no tenía la capacidad para extender una huelga general a nivel estatal, ni para liquidar el Estado. En el informe no se aportan pruebas que lo ratifiquen. Además, aunque en algunas asambleas hubo huelguistas de otros lugares de Euskal Herria, fue una excepción y nunca hubo ninguna coordinación más allá de Gasteiz.

Parece que el problema para la policía era más la difusión del esquema de las Comisiones Representativas, pero a nuestro juicio no había intención o capacidad para realizarlo desde Gasteiz. Como mucho podía ser un ejemplo, ya que la policía reconoce que «conforma un precedente muy peligroso, que no es prudente minimizar».

Ese ejemplo era más peligroso para las autoridades a la hora de unir a la clase obrera que la unión de diferentes organizaciones. Citaba diversas razones, entre ellas que eran más espontaneas y para los trabajadores era menos peligroso su participación en ellas que en organizaciones clandestinas. Sin duda alguna el modo asambleario era válido para llegar a importantes sectores de la clase obrera.

Por otro lado, hay muchas dudas sobre la relación entre los empresarios y el Gobierno, pero como recordaba Alfonso Osorio, el ministro de Presidencia, el mismo se reunió con empresarios gasteiztarras. Siguiendo sus palabras, Fraga creía que era un problema exclusivamente laboral, y luego reconoció que fue «el único caso que se nos fue de las manos».

El Gobierno Civil[16], por su parte, fue crítico con la actuación de los empresarios: «El empresario alavés se aferró a su situación de privilegio sin querer doblegarse ante las demandas salariales y mejoras sociales de signo muy distinto al que estaba acostumbrado, desembocando ello en el conflicto y la subversión», afirmó.

El propio Gobierno se vio superado por los acontecimientos, llegando a temer que el cambio controlado por arriba se ponía en peligro. Esto se refleja en la memoria del Gobierno Civil de Álava[17], que, si bien narraba los hechos de 1975, estaba escrita en mayo de 1976. Parece que el escritor tenía en la cabeza lo sucedido dos meses antes, y de cara al futuro planteaba:

---

16. GOBIERNO CIVIL DE ÁLAVA, «Memoria del Gobierno Civil de Álava. Año 1976», AA, Subd. 704-6.

17. GOBIERNO CIVIL DE ÁLAVA, «Memoria del Gobierno Civil de Álava, año 1975», AA, Subd., 704-5.

> ... como tónica general es aconsejable intensificar la acción de captación de las más anchas zonas intermedias del espectro político, de manera que la línea divisoria no se trace por el centro, lo cual traería una polarización de dos facciones extremas, sino trazar dos divisorias que incluyan entre sí a la gran mayoría moderada y dejen fuera, solamente, a las minorías más radicalizadas de uno y otro signo en cuanto supongan una tendencia separatista, totalitaria o subversiva.

Explica claramente el camino de la reforma: atraer a los moderados y aislar a los radicales, para así evitar cualquier ruptura. En ese sentido, la utilización de la violencia policial no se trataba únicamente de una inercia del pasado o de casos aislados, sino que era una herramienta clave para controlar la Transición.

El Sindicato Vertical quedó tocado de muerte, no fue capaz de reconducir el conflicto y su carácter represivo volvió a quedar en evidencia. En su memoria anual de 1976[18] constataba que «todas y cada una de las Empresas alavesas han estado en conflicto en alguna ocasión a lo largo de 1976», por lo que, «el ensayo huelguís-

---

18. ORGANIZACIÓN SINDICAL, «Álava. Memoria anual, síntesis expositiva». 1976, AA, Sindicatos, 38/4.

tico en nuestra provincia ha sido total: huelgas políticas y huelgas laborales se han confundido en un solo movimiento que no deja de antojarse un serio intento revolucionario». Junto a ello los sindicatos clandestinos comenzaron a salir de la oscuridad. Asimismo, la mayoría de los autores creen que la matanza de Gasteiz fue clave para el fin del primer gobierno de la monarquía.

Además, tras la huelga de 1976 se abrió un nuevo ciclo en la historia de Araba, uniéndose al ciclo movilizatorio del resto de provincias vascas. Un ejemplo de este nuevo ciclo fue la huelga general del 27 de septiembre de ese año a favor de la amnistía, coincidiendo con el aniversario de los últimos fusilamientos del franquismo. En Euskal Herria, incluida Araba, la oposición demostró que era capaz de mantener el pulso, y de imponerse a través de una huelga general política. Finalmente, esto también demostraba que el nivel de movilización era más alto en Euskal Herria que en el resto del Estado.

En los siguientes años se realizaron multitud de huelgas en la provincia; además de en ramas como la construcción o el metal, en servicios también se protagonizaron huelgas importantes en grandes almacenes o panaderías, a lo que hay que sumar diversas huelgas generales, en algunos casos relacionados con acontecimientos políticos, en otros en contra de las medidas socioeconómicas del Gobierno, la más destacable la realizada en contra del Estatuto de los Trabajadores en 1979.

Por otro lado, el asamblearismo no desapareció, sino que se produjo una convivencia entre asambleas y sindicatos hasta 1980, lo cual se reflejó en las comisiones mixtas que se crearon a la hora de negociar el convenio en las distintas ramas, entre las que cabe destacar la del metal. A pesar de que el papel de los sindicatos fue aumentado, las decisiones se tenían que refrendar en asambleas. Además de esto, en grandes empresas como Michelín, Mercedes o Forjas Alavesas las decisiones importantes siguieron en manos de las asambleas.

Los asamblearios puros quedaron aislados dentro del movimiento obrero, no tuvieron apenas participación en los conflictos obreros y se acercaron a los nuevos movimientos sociales. Por su parte, las CCRR desaparecieron a mediados de 1977, pero para entonces su papel ya era casi anecdótico. El sindicalismo radical, en cambio, siguió defendiendo el modelo mixto. Eso se reflejó en la constitución de la Asamblea de Representantes en 1979. No fue una estructura estable, pero facilitó una coordinación estable entre sus partidarios, realizó campañas comunes y coordinó huelgas, a la vez que promovió candidaturas unitarias. Además, UGT, el sindicato más representativo en la Transición en Araba, estaba hegemonizado por la corriente trotskista «Militant», opuesta a los pactos sociales que refrendó el sindicato a nivel estatal, hasta que fueron expulsados en 1983. En CCOO la presencia de la izquierda radical también fue importante, ya que la federación del metal estuvo dirigida hasta 1981 por el sector vinculado al EMK, y utilizó métodos de lucha radicales. En este caso también serían expulsados, y con otros sectores formaron la CUIS.

Memoria(s)

EL 3 DE MARZO se ha quedado anclado en el calendario de la ciudad y en su memoria colectiva. La memoria de lo sucedido condicionó la coyuntura política de los años siguientes y se convirtió en símbolo movilizador. En los primeros aniversarios se realizaban huelgas generales. El primero fue masivo, pero tras el funeral la policía cargó brutalmente, convirtiendo la ciudad en un campo de batalla. El siguiente año se produjo una polémica entre los sectores asamblearios y los sindicatos: los sindicatos habían convocado un mitin, pero los asamblearios exigieron que se celebrase una asamblea; finalmente, la mayoría votó por seguir adelante con el mitin y los asamblearios abandonaron el mitin.

En la década de los ochenta, en cambio, la participación fue bajando y las manifestaciones se organizaban por la tarde, ya que desaparecieron las huelgas generales. Los sindicatos mayoritarios (CCOO, ELA y UGT) se fueron distanciando de las movilizaciones; al principio se crearon bloques diferenciados, pero posteriormente abandonaron los aniversarios. Por ejemplo, en 1984 Txarli Prieto, el secretario general de CCOO en Araba, subrayó que el 1 de mayo era el día de los trabajadores, y se tenía que celebrar ese día, y no el 3 de marzo. En su opinión, «querer distanciarse de alguna forma de la fecha conmemorativa de la clase trabajadora, que es el uno de mayo, es no entender la lucha de clases y la solidaridad internacional».

Para los sindicatos moderados el recuerdo se convirtió en incómodo, sobre todo porque apostaron por la concertación social; los sectores radicales, por contra, resaltaron su carácter rupturista. La izquierda abertzale y la izquierda radical, junto con los movimientos sociales, han sido quienes han mantenido la memoria del 3 de Marzo durante décadas. Sus aportaciones han sido claves para reinterpretar el acontecimiento, ya que, al fin y al cabo, la memoria no es hermética y con el tiempo se va construyendo y reconstruyendo.

La importancia del aniversario se mantiene hasta hoy, uniendo la reivindicación de la memoria y las luchas de cada época (conflictos obreros, insumisión, represión, feminismo...). Sin embargo, ha habido puntos de inflexión: por ejemplo, en 1986 se unió una generación relacionada con el ambiente contracultural que estaba surgiendo en Gasteiz en torno a la radio libre Hala Bedi o el rock radical. Otro hito se produjo en 2006, cuando la Ertzaintza cargó contra la manifestación, deteniendo a Andoni Txasko y Josu Ormaetxea. Desde entonces, la participación ha ido creciendo.

En las memorias personales también ha tenido su eco, ya que lo ocurrido en aquellos pocos meses marcó la vida y la militancia de muchas personas. Además, en el caso de las mujeres, para muchas puso en duda el modelo de feminidad. Por ejemplo, Elo Mayo era una joven de dieciséis años y así lo recuerda:

> ... ese día, claro que recuerdo que nos marcó a toda una generación. Yo estaba dentro, y bueno, allí empecé a conocer, comencé a conocer, por ejemplo a cierta gente, a Tomás Etxabe, a Naves y toda esta gente, pero más desde espectadora (...). Estuvimos allí, salimos como pudimos, nos dieron hostias por todos lados, recuerdo con mucho miedo...

Para la periodista Amparo Lasheras las asambleas fueron fundamentales para conectar con su memoria familiar:

> Entonces empezamos a ir a las asambleas y aquello fue como una gran universidad ideológica, no. Porque en las asambleas yo veía que mi familia venía de una derrota muy grande de la guerra (...), de repente aquellas asambleas volvían a poner sobre la realidad todo lo que yo había estado escuchando en casa, casi en voz baja, no.

Además, subraya el cambio sufrido por una amiga suya, que trabajaba en el hospital Santiago, y para la cual lo vivido allí «marcó un antes y un después en su vida (...) Su sistema de valores conservadores se desmoronó e inició un camino de vuelta ideológico que cambió su sentido de la vida y la justicia».

Por otro lado, la reivindicación de justicia es contemporánea a los hechos; sin embargo, la vía judicial se agotó rápidamente. La causa, tras pasar por el juzgado de Gasteiz y el TOP, fue asumida por la jurisdicción militar, y el juzgado militar de Burgos archivó el caso. A pesar de reconocer «Que los hechos (...) son en principio, constitutivos de delito de Homicidio», cerró la causa «sin poder determinarse quien o quienes fueron los autores de los disparos».

La lucha por la justicia ha sido una de las reivindicaciones de la Asociación 3 de Marzo. Esta surgió en 1999; tras participar en la ponencia de víctimas de la violencia del Parlamento Vasco, diversas víctimas y familiares vieron necesario crear una estructura jurídica. La reivindicación de verdad, justicia y reparación ha sido el eje de la asociación.

El trabajo de esta ha sido fundamental para difundir la memoria del 3 de Marzo, a lo que ha ayudado la propagación del movimiento a favor de la memoria histórica desde principios del siglo XXI. Este movimiento, empezando por denunciar la impunidad de los crímenes de la Guerra Civil y el franquismo, ha ido rompiendo con el mito de la Transición pacífica. En ese sentido, el 3 de Marzo es significativo, ya que choca con ese mito, debido a que además de dejar en evidencia la violencia estatal, también muestra su impunidad y la falta de reparación de sus víctimas. Esto mismo explica por qué el recuerdo ha estado durante muchos años en manos de los sectores rupturistas, mientras que era incómodo para las instituciones y para la mayoría de sindicatos y partidos, ya que pone en solfa el régimen surgido en la Transición.

Por otro lado, en diferentes expresiones artísticas también se ha guardado la memoria de la masacre. Amaia Elizalde las ha analizado, y concluye que hasta hace poco no han sido respaldadas por las instituciones, que en algunas ocasiones se han mostrado en contra de ellas. Por lo cual estas han sido iniciativa de la ciudadanía, que ha ido construyendo una memoria subalterna. El cambio de actitud por parte de las instituciones se produjo ya en el siglo XXI, un ejemplo de lo cual es el recorrido artístico de Zaramaga, que contó con el apoyo del Ayuntamiento de Gasteiz.

El monolito situado junto a la iglesia es paradigmático: fue realizado por los obreros de Forjas, los compañeros de Pedro María Martínez Ocio. Se colocó por vez primera en el sitio donde cayó en 1982, pero fue destruido por la policía. Dos años después, sin embargo, lo erigieron la noche anterior al aniversario y desde entonces ha permanecido allí. El monolito fue colocado de un modo «ilegal», pero hoy en día los representantes de instituciones y partidos acuden a él en los aniversarios, a llevar flores. Un símbolo construido desde abajo ha tenido que ser aceptado por los de arriba con el paso de los años. Esto pone en evidencia que la memoria del 3 de Marzo es conflictiva.

En el ámbito musical, en más de cuarenta canciones se hace referencia al 3 de Marzo. La misma noche Lluis Llach, emocionado, compuso *Campanades a Morts*. En un párrafo imploraba a los asesinos: «*Assassins de raons, de vides, que mai no tingueu repòs en cap dels vostres dies i que en la mort us persegueixin les nostres memòries*». Los siguientes años surgieron nuevas canciones, pero posteriormente hay que esperar hasta el siglo XXI para que se generalicen. Son remarcables las realizadas por los grupos gasteiztarras Betagarri y Soziedad Alkoholika.

En cuanto a la cinematografía, el proceso es similar: Koldo Larrañaga y el Colectivo de Cine de Madrid grabaron algunos acontecimientos, como el funeral, y los reflejaron en sus películas. Sin embargo, no regresaría a las pantallas hasta 2007, de la mano de Lluis Danès con el documental *Llach: La revolta permanent*. Posteriormente ha aparecido en diferentes películas y reportajes.

Es reseñable que las diferentes expresiones artísticas sobre la masacre tienen una cronología similar: se prodigaron en los años de la Transición, pero a partir de los ochenta hay un silencio, que se rompe a principios del siglo XXI. El trabajo incansable de la asociación Martxoak 3, la difusión del movimiento a favor de la memoria histórica y el declive del mito de la Transición pacífica han sido claves en este resurgimiento.

Conclusiones

LO SUCEDIDO EN 1976 ha quedado anclado en la memoria colectiva de Gasteiz. Fue el bautismo de fuego de una ciudad transformada. A muchos gasteiztarras de distintos orígenes, además de su definitiva integración en la ciudad, les supuso adquirir una conciencia obrera. Este empoderamiento también se dejó notar entre las mujeres, y muchas se replantearon los roles asignados.

Por un lado, la movilización obrera en Araba no comenzó en 1976; ese año fue el momento de su despegue, ya que se produjo una auténtica explosión. Anteriormente se fue formando una nueva clase obrera, y con ella una nueva oposición, con una presencia importante de la izquierda radical. No obstante, la falta de una organización hegemónica hizo necesaria la unidad.

Por otro lado, al comienzo de 1976 el camino del cambio político estaba abierto, y los mensajes democratizadores se extendieron a amplios sectores de la sociedad, a pesar de lo cual no estaba claro qué tipo de democracia se iba a implantar y cómo iba a ser el proceso. Para muchos sectores, la ruptura con el régimen era posible, mientras que las huelgas se difundían por doquier.

Había ingredientes para la huelga y en pocos días se extendió a diversas empresas. Sin embargo, nadie esperaba que tuviera semejante apoyo y un carácter tan radical. Para ello fueron imprescindibles las asambleas. Tras el silencio impuesto por el franquismo, era la primera oportunidad para hablar de política o de los problemas cotidianos. Así, partiendo de la explotación en las fábricas, todo el sistema se puso en duda. Del mismo modo, las obreras gasteiztarras, sin pedir permiso, pusieron en práctica la prometida democracia.

El esquema de las Comisiones Representativas fue imprescindible para coordinar la lucha, mantener la unidad y dotarla de una dirección política. Por eso, junto a las reclamaciones económicas, desde el principio la tendencia política estaba clara; por ejemplo, la petición de una subida salarial lineal fue clave para alentar la solidaridad obrera y el rechazo a la estructura sindical reforzó el carácter rupturista de la lucha. La represión aumentó esa tendencia, y la libertad de los detenidos y la readmisión de los despedidos pasó a primer plano.

El empuje de la calle fue fundamental para agrietar las estructuras franquistas y hacer irreversible el proceso de cambio. A través de la lucha se consiguieron mejoras, pero el precio a pagar fue demasiado alto: cinco muertos y cientos de heridos. Esto demuestra que una de las claves del proceso de transición fue la violencia estatal. Esta herramienta fue imprescindible para controlar la calle, marcar los límites y evitar la ruptura. Lo que está claro es que gasear una iglesia llena de gente y recibir a tiros a todo el que salía no fue un accidente o un error.

Desde entonces, el ejemplo de la huelga de 1976 también ha estado presente en los movimientos sociales alaveses surgidos a partir de los ochenta, en los que el asamblearismo ha estado presente, además de como práctica, como signo de identidad. Con todo esto, la sociedad gasteiztarra se alejó para siempre de la imagen de apatía y falta de conflictividad, y esta transformación se ha insertado de algún modo en la identidad alavesa.

Sin duda alguna, hoy en día la memoria del 3 de Marzo se ha convertido en hegemónica en Gasteiz, y las instituciones, partidos y sindicatos la han tenido que aceptar, pero sobre todo centrándose en la matanza. Para las que lo vivieron, en cambio, además de esta, el proceso anterior también es fundamental. Por eso sigue siendo una memoria conflictiva, que pone en duda la condición pacífica de la Transición, y demuestra que hubo alternativas democratizadoras desde abajo.

Fuentes

Periódicos

ABC
Gaceta del Norte
El Correo
Norte Exprés
Ya

Archivos y centros de documentación

Archivo de Álava
Archivo General de la Administración
Archivo Histórico Nacional
Biblioteca Vasca Labayru
Fundación Francisco Largo Caballero
Fundación Sancho el Sabio
Lazkaoko Beneditarren Fundazioa

Entrevistas

Elo Mayo Cabero
Iñaki Martin Etxazarra
Imanol Olabarria Bengoa
Begoña Oleaga Erdoiza
Arturo Val del Olmo

Realizadas por otros investigadores

Jesús Fernández Naves e Imanol Olabarria (Archivo de Fuentes Orales para la Historia Social de Asturias).

Juanjo San Sebastián, realizada por Mentxu Irusta Laforga (AHOA).

Bibliografía sobre el 3 de Marzo

Abasolo, J.A. (1987), *Vitoria 3 de marzo, metamorfosis de una ciudad*, Diputación Foral de Álava, Gasteiz.

Beorlegui, D. (2018), «Vitoria, brothers, we do not forget!' The public history of the strikes of Vitoria and the Spanish Transition to democracy», in *Oral History* 46, pp. 41-52.

Carnicero Herreros, C. (2009), *La ciudad donde nunca pasa nada, Vitoria, 3 de marzo de 1976*, Gobierno Vasco, Gasteiz.

Echave, T. (1977). *Vitoria 76, Antecedentes, desarrollo y consecuencias de la lucha de la clase obrera de Vitoria, que culminó en la masacre del 3 de marzo*, Berriz.

Elizalde Estenaga, A. (2018). «Un proceso de (re) construcción cultural interartística de la memoria desde el umbral de la Transición hasta nuestros días: la matanza del 3 de marzo», AAVV, *Las otras protagonistas de la Transición. Izquierda radical y movilizaciones sociales*, Madrid, Fundación Salvador Seguí, pp. 307-318.

Estefanía, J. (1976). «Formas de organización obrera en Vitoria», *El Carabó* 1. https://s3.eu-west-3.amazonaws.com/webpte/Hemeroteca/El+Carabo/El+C%C3%A1rabo+1.pdf

Parlamento Vasco (2008). *Comisión especial sobre los hechos ocurridos en Vitoria-Gasteiz el 3 de marzo de 1976*, Gasteiz. https://www.martxoak3.org/docs/martxoak_3_pv.pdf

García, L., Buruaga, M. (2021). «M3moria gurea da eta herriak abesten du», *Alea*. https://alea.eus/gasteiz/1677840298697-martxoak-3-1976-2023-memoria-herria-abestiak

Grupo de Trabajo Alternativa (1976). *Informe Vitoria: Una gran experiencia de lucha*, París.

Guindal, M., Giménez, J.H. (1976). *El libro negro de Vitoria,* Contracensura, Madrid.

Instituto Universitario de Historia Social «Valentín de Foronda» (2004). *Dictamen histórico sobre los acontecimientos producidos el 3 de marzo de 1976 en Vitoria,* Gasteiz. https://www.martxoak3.org/wp-content/uploads/2008/01/01dictamen-definitivo.doc

Lasheras, A. (2012). *3 de marzo 1976,* Arabera, Gasteiz.

Martinez Larrea, J. (2020). «Democratización y concienciación en la huelga de Vitoria de 1976», *Geronimo de Ustariz* 35, pp. 73-98. https://dialnet.unirioja.es/descarga/articulo/8079284.pdf

Mateo, L. (2017). «Genealogía visual de los Sucesos de Vitoria (1976). Fugas del archivo e imágenes clandestinas del Colectivo de Cine de Madrid», *Journal of Spanish Cultural Studies* 18, pp. 363-389. https://oai.e-spacio.uned.es/server/api/core/bitstreams/de18cc1e-09fe-4bb4-b787-4dbdfef64891/content

Moneo Rodriguez, M. (2017). *Los sucesos de Vitoria (3 de marzo de 1976) en la prensa de la Transición,* EHU, Gasteiz.

ORT, (1976). «Vitoria masacrada por la monarquía fascista», Gasteiz.

Pérez, G. (2020). «Historias de vidas obreras en el polo industrial de Vitoria (País Vasco): del "milagro español" a la caída del franquismo (1959-1976)», *Izquierdas* 49, 2020, pp. 892-909. https://www.scielo.cl/pdf/izquierdas/v49/0718-5049-izquierdas-49-47.pdf

Rodriguez, Z., Mujika, I., Miralles, N. (2018). *3M: Memoria: Las mujeres de Gasteiz en la matanza del 3 de marzo de 1976,* Intxorta 1937, Arrasate.

Sanchez Erauskin, X. (1976). *Gasteiz, Vitoria, de la huelga a la matanza,* Ruedo Ibérico, París.

Val del Olmo, A. (2004). *Tres de marzo una lucha inacabada,* Fundación Federico Engels, Gasteiz.

VVAA (2001). *Todo el poder para la asamblea. Vitoria, 3 de marzo de 1976,* Likiniano Elkartea, Bilbo. https://aginteahausten.wordpress.com/wp-content/uploads/2018/02/todoelpoderalaasambleam3.pdf

Filmografía

Cabaco, V. (2018). *Vitoria, 3 de marzo.*

Colectivo de Cine de Madrid (1976). *Sucesos de Vitoria.* https://colectivodecinedemadrid.com/#videos

Danés, Ll. (2007). *Llach: La revolta permanent.*

Garcia, R. (2013). *Unidos por un sueño. Vitoria 3 de marzo.* https://www.youtube.com/watch?v=4ux5KOIK9qg

Herrero, Luis E. (2019). *Vitoria, marzo de 1976.*

Larrañaga, K. (1978). *Neguazkena.*

VVAA. *La Memoria del 3 de marzo.* https://www.youtube.com/@lamemoriadel3demarzo951

Este libro,
3 de marzo,
se terminó de diseñar, componer y maquetar en Elo,
utilizándose la familia tipográfica Celeste
creada digitalmente por Chris Burke en 1990,
a las puertas del cincuenta aniversario de la masacre,
cuanto todavía no está aclarado si las víctimas contarán
con un memorial digno.

Aurkeztu dizugun liburuaren eduki, itxura edo inprimaketari buruzko iritzia guri helarazi nahi izanez gero, bidal iezaguzu. Zinez eskertuko dizugu.

La Editorial le quedará muy reconocida si usted le comunica su opinión acerca del libro que le ofrecemos, así como sobre su presentación e impresión. Le agradecemos también cualquier otra sugerencia.

EDITORIAL TXALAPARTA S.L.L.
Calle Mayor 61-63
31001 Iruñea
NAFARROA
Tfno.: 948 70 39 34
info@txalaparta.eus
www.txalaparta.eus